集說詮眞續編

集說詮眞提要

第一輯 第24冊

集說詮眞續編

正編 第15種

（新編）集說詮眞續編目錄

（原）集說詮眞續編目錄……五

附錄

集說詮真續編

光緒庚辰年鐫

江南主教倪　准

司鐸黄伯禄斐默氏　輯

蔣超凡邢胙氏　校

光緒甲申年重校

上海慈母堂藏版

序

六合之大。兆民之眾。必有主宰其間者。盡人而知也。禱之祀之。而能邀福免禍者。又盡人所知也。但人情多詐而易愚。黠者巧於矯誣。愿者輕於致信。於是好事之徒。揑造僞神。遂致無知者奉爲眞主。眞僞混淆。良可深慨。歲丁丑。曾廣羅前人說略。得俗奉諸神原委。凡數十則。彙爲一編。兩載以來。涉獵羣籍。又得若干則。輯爲續編。俾閱是書者。洞徹僞神之不能禍福。幡悔生平之誤行禱禳。黠者旣矯無可矯。愿者乃信所當信。塵蒙頓開。眞諦日明。而人心風俗。藉以挽回。

是則區區之志焉爾。

光緒六年歲次庚辰二月上浣司鐸黃伯祿斐默氏

序於申江徐匯之書齋

目錄

集說詮眞續編

司鐸 黃伯祿斐默氏 輯
蔣超凡邢胙氏 校

岳鄂王 武穆王

引宋史載岳飛字鵬舉。湯陰（縣屬河南彰德府）人。生時有大禽若鵠。飛鳴室上。因以爲名。家貧力學。好左氏春秋孫吳兵法。膂力絕倫。未冠。挽弓三百斤。徽宗宣和四年。（卄歲）應募從戎。時寇盜蜂起。飛剿撫兼施。高宗紹興三年。（卅一）虔州（即江西贛州府贛縣）劇盜寇掠鄰郡。飛平之。帝令屠虔城。飛請誅首惡赦脅從。不許。再四請。帝乃曲赦。
人感其德。繪像祠之。時又金人南侵。飛能以寡擊眾。
所向無敵。論功第一。封武昌郡開國公。金人喪膽。遣
使割地請和。飛以全復疆土為心。乘勝前進。而大學
士秦檜罔上弄權。力主和議。乞令飛速班師。一日遞
發十二金字牌。促令還朝。民見飛去。遮馬慟哭。飛亦
悲泣。取詔示之曰。吾不得擅留。哭聲震野。飛歸。所得
州縣。旋復失之。金將兀朮遺檜書曰。必殺飛。始可和。
檜亦以飛不死。終梗和議。已必及禍。故力謀殺之。以

諫議大夫万俟卨與飛有怨風卨劾飛又風中丞何鑄侍御史羅汝楫交章彈論大率謂金人攻淮西飛按兵不援檜遣使捕飛父子（養子名雲）送大理寺命御史中丞何鑄大理卿周三畏鞫之樞密使張俊又誣飛舊將張憲謀反飛裂裳示背有盡忠報國四大字深入膚理既而訊無左証鑄明其無辜飛坐繫久之獄不成卨又誣飛嘗自言已與太祖皆三十歲建節（猶謂宋太祖三十歲建節後登帝位今飛儼然以太祖自命可見其隱有叛志蓋依稀牽合以周內其罪也）檜手書小紙付獄即報飛死時年三十九子雲及張

憲均棄市，籍家貲，徙家嶺南，天下冤之。按通鑑綱目高宗紹興十一年辛酉十二月，秦檜殺故少保武昌公岳飛。及孝宗即位，故部曲合辭訟飛冤，帝乃詔復官爵，以禮改葬，求其後，悉官之，建廟於鄂，湖北武昌府 號忠烈。淳熙孝宗六年己亥，謚武穆。嘉定寧宗四年辛未，追封鄂王。按明一統志：岳飛墓在浙江杭州府西湖上之棲霞嶺下。○西湖便覽記：岳墳鐵像，明武宗正德八年，都指揮李隆鑄銅為之，乃秦檜、其妻王氏、万俟卨三像，反接跪墓前，久被遊人撻碎。神宗萬歷中，按察副使范涞更鑄以鐵，而添張俊一像。

辨 按綱目廣義曰：武穆不能處權變也。權者經之所自出，經而非權，則子莫之中矣。故曰權而得中是乃禮也設當時奉詔後即遣騎馳奏曰臣以滅賊之功成在旦夕不敢奉旨容臣盡獻金俘以復大讐願伏矯詔之罪身潤鼎鑊無悔如此則葢世之功武穆收之何至父子同死奸賊之手哉是岳飛以君命爲重不敢擅留而後世識者猶譏其未能達權第考其捍禦金人屢戰屢捷背刻盡忠報國以示血誠（見上二張）飛爲忠臣勇將固絕無而僅有者然亦不過在生精忠盡其臣職而已今日西湖墓所及各處岳廟中士女如雲紛紛膜拜不知已

死之飛。斷無禍福之權。禱之者。何弗思之甚耶。

施相公

引松江府志載施相公相傳宋將軍施全。又云施諤。

按至元嘉禾志施府君宋人。名伯成。九歲爲神。景定五年。宋理宗敕封靈顯侯。明敕封護國鎮海侯。所在立廟。甚著靈應。

清嘉錄曰。案華亭縣志載施相公諱鍔。宋時諸生。山閒拾一小卵。後得一蛇。漸長遷入筒。一日施赴省試。蛇私出乘涼。衆見金甲神在施寓。驚呼有怪持鋒刃來攻。無以敵。聞於大僚。統兵殛之。亦不敵。施出聞知之。曰。此吾蛇也。毋恐。叱之。奄然縮小。俯而入筒。大僚驚曰。如是。則何不可爲。奏聞施立斬。蛇怒。爲施索命。傷人數十。莫能治。不得已。請封施爲護國鎮海侯。侯嗜饅首。造巨饅祀之。蛇蜿蜒其上以死。至今祀者。盤蛇象於饅首。（俗呼盤龍饅頭）稱侯曰相公云。

【辨】按施鍔養蛇。因幻變驚人。累施伏誅。蛇乃爲之報復。且鋒刃不能加。大兵不能敵。（見上本張）此種誕妄。不辨可知。惟俗以盤龍饅首祀施。而稱之曰相公。其果敬施耶。抑敬蛇耶。如謂敬施。則施豢蛇肇禍。

孽由自作。有何足敬。如謂敬蛇。則蛇毒螫傷人。衆所痛恨。更何足敬。今乃以饅首祀施背以蛇像。誠令人所不解已。

忠佑武烈大帝

引重增搜神記載武烈大帝。姓陳名杲仁。字世威。常州晉陵（即江蘇常州府武進縣）人。生於梁武帝太清三年。三月望日。八歲能屬文。陳文帝天康元年。舉進士。授監察御史。遷江西道巡察大使。陳後主失政。遜於隋。遂上印綬。歸隱不仕。隋高祖累詔不起。煬帝詔令討盜。始奉命而起。大業九年。平江寧樂伯通叛徒十萬。恭帝即位。奉詔平樓世幹賊衆二十萬。召入拜大司徒。公之妻父沈法興。起兵吳興（浙江湖州府）謀據常郡招公附己公不可唐高祖武德二年時法興詐稱疾敗走告於公不得已往問疾飲酒中毒馳歸自知不可爲囑漂禪師以居第爲精舍東第爲崇任觀言訖而卒年七十有二法興聞之欲謀得志一日黑雲蔽空風雨晦冥公見形發神矢射斃法興唐封忠烈公梁時封福順武烈王後周時加帝號

陔餘叢考曰常州有忠佑廟祀司徒陳杲仁相傳南唐李景時封爲武烈帝故今俗以帝號稱之而郡人劉宗浩輯爲實錄一書謂公本晉陵人任隋立功授

司徒沈法興其婦翁也。大業末。（隋煬帝號）法興欲襲常州。懼公不敢動。乃詐以疾告。公不得已。往問疾。飲中毒歸而卒。後法興方剽掠。公現形黑雲中。發神矢斃之。唐初詔爲立祠。乾符（唐僖宗號）中。封忠烈公。開平（梁太祖號）中。封福順王。淮南楊氏（淮南王楊渥、渭。後改號曰吳）封忠烈王。南唐時錢俶遣將來攻。公以陰兵驅黑牛觸敵艦。敗去。（按宋史。舊五代史。俶係吳越王錢鏐之孫。五代漢高祖乾祐元年襲立爲吳越王。周世宗顯德三年即南唐主李景保大十四年。俶遣偏將吳程圍常州。敗歸）乃冊爲武烈帝。宋又賜廟號曰忠佑。此司徒祠於常之始末也。按舊唐書沈法興爲吳郡守煬帝隋主時使與太僕丞元祐討賊婁世幹會煬帝既被弒乃與祐將孫士漢陳杲仁執祐起兵又令杲仁破賊樂伯通法興自署江南道總管聞越王侗隋恭帝時即位乃上表自稱大司馬錄尚書事承制置百官以杲仁爲司徒是杲仁本隋將與法興通謀害其主帥而司徒之官又法興所授也新唐書并不言承制但云法興以杲仁爲司徒則其爲法興黨更不待言矣然常之人所以崇祀者實以自唐及五代宋以來歷著靈異故累請褒封至帝號今常州雲

車之製甲天下。相傳像公空中破敵時神兵也。豈失節於前。而獨能反正於身後耶。抑郡人所傳公爲法興所害者。本是實事。而新舊唐書所記不無訛謬耶。史冊所載往往有與傳聞互異者。未必傳聞皆僞。而史冊眞也。

辨 按搜神記稱陳杲仁被沈法興毒斃後。現形雲霧中。射死法興。見上六張 但唐書沈法興傳曰。法興浙江湖州府武康縣人。隋煬帝大業末。[illegible]爲吳興郡守。恭帝侑義寧二年。[illegible]聚衆六萬。據江表十餘州自署江南道總管萘帝侗𠰌立法興上表稱大司馬錄尚書事後聞侗被廢唐高祖武德二年𠰌自稱梁王建元延康法興專事威戮由是將士携解武德三年𠰌法興為流寇李子通所敗自沈於江而歿據此則法興之死於陳無與而俗傳杲仁現形發矢諸妄談已昭然可見矣

按劉宗浩所輯實錄謂陳杲仁以不附法興故致被壽斃而舊唐書乃謂杲仁與法興通謀害其主帥見上七張所載兩歧莫衷一是然使杲仁當仕隋時

果能忠貞自矢。以拒賊慘死。亦僅屬隋之忠良而已。至謂其死後能驅陰兵觸敵艦。語殊不倫。其爲好事者緣飾無疑。凡書籍所載事蹟。閱者欲決眞僞。務必衡之以理。不可膠滯成見。偏信一書。所謂盡信書則不如無書也。

五司徒

〔引〕重增搜神記載揚州（江蘇屬府）顯英司徒茅許況蔣吳五姓。血食是邦久矣。五神向居揚州。結爲兄弟。好田獵。其地舊多猿虎。人數罹害。五神於山溪畔。遇一老婦。詢知子然無親。飢食溪泉。乃請於所居之廬。拜呼爲母。侍養未久。偶出獵歸。不見其母。五神曰。必被虎噉。俱奮逐山麓間。忽見虎近前。伏地就降。由此虎患始息。後人思其德義。立廟祀之。隋煬帝時。護駕有功。封號司徒。唐加侯號。宋紹定（理宗年號）中。賜廟額曰英顯。有禱於神者。遇旱暵則飛雨。憂霖潦則吐日。福國佑民。迭著靈顯。尋加封王號。

(辨)按五司徒爲何代人氏。未見考證。想亦當時之强有力者耳。攘臂搏虎。固爲地方除害。然果操何術。能令虎伏地就降。(見上本張)此爲後人添砌無疑。且水旱偏災。謂禱之可免。試問爲是說者。果能確舉左證耶。

都天神

引印雪軒隨筆曰。賽神之盛。莫過於鎮江府屬江蘇之都天會。考神爲唐睢陽公。鎮江人奉之極虔。此會又藉以逐疫云。

趙甌北詩鈔有觀都天會詩云。神會蓋始鄉人儺。黃金四目揚瑚戈。流俗相沿遂成習。附會神鬼訛傳訛。潤州鎮江城東都天會。年年四月大報賽。七香亭導八掆輿。彩仗前驅一對對。金童玉女乘雲軿。夾以鐃簫溢闤闠。刀矛浴鐵皆如銀。旗幟繡絲不用繪。列隊計長十里餘。糜財不在萬金內。但求角勝肯惜費。富者破慳貧者貸。不知是何神。擅此大富貴。或言唐張巡。睢陽（即河南歸德府）百戰捍賊塵。保障功在江淮民。或言一儒巾。夜遇疫鬼散毒氛。獨以一人活萬人。究竟未識何者是。徒令世眼滋擬議。我思天下祠廟多。原可不必一一考姓字。云云

唐書載張巡南陽（縣屬河南南陽府）人。博通羣書。曉戰陣法。開元末。（唐玄宗時）擢進士第。安祿山反。巡起兵討賊守睢陽。相持久之。城內糧儲告匱。士多餓死。存者皆痍傷

氣之巡出愛妾曰諸君經年乏食而忠義不少衰吾恨不割肌以啖衆寧惜一妾而坐視士飢乃殺以大饗坐者皆泣巡强令食之賊探知糧盡援絶圍益急衆欲東奔巡議以睢陽江淮保障也若棄之賊乘勝鼓而南江淮必亡賊攻城士病不能戰巡西向拜曰孤城備竭弗能全臣生不能報陛下死爲鬼以癘賊城隨陷巡被執割心剖肌慘毒備盡年四十九宣宗大中時圖像於凌煙閣睢陽至今祠享

辨 按張巡一生事實戰功卓著尙非人所難及惟

殺妾饗士一節（見上本張）乃史册所僅見。然殘忍拂性。莫此爲甚。迨孤城將陷。自度不免。猥曰死當爲鬼以癘賊。人遂附會其說。謂其能逐癘疫。浪擲金錢。鋪張華飾。舁像遊衢。此亦好事者斂財故智耳。觀趙甌北一詩。形容逼肖。已可得其謬妄之概。予又何必多辯哉。

蔣相公

【引】重增搜神記載蔣相公杭州府屬浙江人。生宋建炎間。高宗年號樂施賑。每秋成。糴穀預儲。貴則賤糶。歲歉。且捐予飢者。死之日。囑其二弟曰。須存仁心。力行好事。死後里人相與塑像。報其仁心。如有所求。靈應如響。咸淳初。宋度宗年號賜廟額曰廣福。六年敕封神及二弟皆列侯。曰孚順。孚應。孚祐侯。

【辨】按蔣相公亦不過一富家翁。勉效解推故事。觀其臨終遺囑。亦是人之常情。所謂人之將死。其言善也。里人塑像。如謂念其恩澤。意猶有屬。至謂能所求輒應。但既撒手瞑逝。何能應人所求。再行施與哉。

溫元帥

引重增搜神記載帥姓溫名瓊字子玉，浙江溫州人。父望業儒。無嗣。卒妻張氏，禱於后土。夜夢金甲神持巨斧，手持明珠一顆，以惠張氏。云我乃六甲之神（見集說詮眞續十六十五張）玉帝（見集說詮眞六六十一張）之將。欲寄母胎。託質爲人。母能允否。張氏諾曰。女流無識。聖賢顯蒞。何敢方命。其神委珠於懷。張氏醒。因而含靈一十二月。漢順帝漢安元年（壬午）五月五日。帥誕生。幼而神明。十歲通儒經傳子史天文等書。年十九。應試未中選。二十六。

明經射策亦不中。嘆曰。男子漢。生不能致君澤民。死當助帝誅奸滅邪。以伸吾志。忽見蒼龍墮珠於前。俯拾而含之流於腹。蒼龍奮舞。師扯爲環繞尾於手。突幻變面青。髮赤藍身猙猛。泰山君聞其威猛。召爲佐嶽之神。玉帝敕封爲亢金大神。又封爲翼靈昭武將軍。眾神之宗。嶽班之首。累朝封爵。血食溫州。

（辨）按溫元帥稱爲六甲神投胎爲人。殊屬誕妄。至其生前。以空疏下第。終身潦倒。乃誑言死後誅滅奸邪。冀爲惡鬼以自雄。蓋亦一妄人也。所稱泰山君召之。玉帝封之。無理取鬧。至斯而極。惑其說者。仍堅信不悟。何夢夢若此。

五代元帥　雷海青

引閩雜記載福州府屬福建俗。敬祀五代元帥。或塑像。或畫像。皆作白皙少年。額上畫一蟹頭。左右插柳枝。或插兩雉尾。侍者男女四人。分執琵琶。三弦。胡琴。鼓板。相傳神五代時人。在塾讀書。一日午睡。同輩戲爲作此形。及醒。恚甚。遂不食死。死而爲神。甚威厲。常降童。按閩雜記。降童。卽降神也。閩俗又謂之打童。巫者以紅布抹額。踞高座。禱者焚香然燭。跪拜於下。少頃。巫起舞。散髮目瞪。則神來矣。左右二人。急挾持之。隨自以小刀劃舌。噴血作符。焚室四方。憑人所問。信口作答語。皆不甚明了。左右二人。代爲傳述。無敢稍忤者。或並傳其姓名。俗但稱五代元帥。疑卽興泉〔興化府泉州府但屬福建〕所祀雷海青也。閩音蟹與海近、柳枝則寓青字。本樂工。故侍者皆執樂器。興化俗又稱元帥。遂附會此說耳。海青罵賊而死。廟食後世。亦其所宜。按〔閩雜記〕福建興化泉州等處、皆有唐樂工雷海青廟。在興化者。俗呼元帥廟。有碑記唐肅宗時追封大帝侍卿。宋高宗時。加大元帥。此不見傳載。殆里俗附會之說。在泉州者、俗稱相公廟。凡嬰孩瘡瘍。輒禱之。上元前後。香火尤盛。

〔辨〕按俗敬之五代元帥。係當時邨塾兒童。被同輩戲弄。恚怒而死。〔見上本張〕據理審之。有何可敬。況其絕粒自盡。祇緣額被繪蟹。頭插柳枝。今乃追肖其像。

仍觸前忌。既敬之。何又侮之耶。
按五代元帥或謂係唐樂工雷海青。凡嬰孩患瘡。輒禱之。見上十六張 海青何人。死後而能醫治兒疾耶。想亦同隸樂籍者。附會是說。尊其族類耳。蓋世固有敬其同業。而無所不至者。如文海披沙曰。爲盜者祭柳跖。按莊子。柳下惠之弟。名盜跖。從卒九千人橫行天下。侵暴諸侯。驅人牛馬。取人婦女。所過之邑。萬民苦之。孔子偕顏淵子貢往太山之陽。見而說之。跖大怒曰。此夫。魯國之巧僞孔丘非耶。爾作言造語。妄稱文武。以迷惑天下之主。而欲求富貴焉。盜莫大於子。天下何故不謂子盜丘。而謂我盜跖。子自謂聖人耶。詐巧虛僞。奚足信哉。孔子歸。語人曰。丘所謂無病而自灸也。跖之徒嘗問於跖曰。盜亦有道乎。跖曰何適而無道耶。入先。勇也。出後。義也。知可不。智也。分均。仁也。五者不備。而能成大盜者。未之有也。屠者祭樊噲。按史記樊噲沛人。起自屠狗。從漢高祖剗滅項羽。封舞陽侯。○沛縣屬江蘇徐州府又如兩般秋雨盦隨筆曰。杭州州府屬浙江清泰門外有時遷廟。按水滸傳巧賊時遷。山東東昌府高唐州人。善飛簷走壁。剪綹胠篋。投身宋江。應役當差。廟凡行竊者多祭之。濟寧州屬山東有宋江按水滸傳盜魁宋江字公明。山東曹州府鄆城縣人。面黑身矮。人稱為黑宋江。○按通鑑綱目宋徽宗宣和三年。淮南盜宋江。橫行河朔。轉掠十郡。官軍莫敢攖其鋒。州牧張叔夜募死士千人。擒其副賊。江乃降。廟為盜者嘗私祈焉。汲縣屬河南衛輝府有紂王廟。凡龍陽按戰國策龍陽戰國時美男子。為魏王所嬖。○今之孌童虛日俗稱日龍陽。胥禱於是據此。盜竊荒淫者流。猶有同類敬之。則今敬奉海青。較諸妄禱盜跖時遷宋江輩。雖似稍勝一籌。究亦荒幻不經耳。

藥王

引清嘉錄載四月二十八日為藥王生日醫士備分燒香駢集於三皇廟又有藥王廟誕日藥市中人擊牲設醴以祝嘏案沈汾續神仙傳藥王姓韋名古道號歸藏西域天竺人開元二十五年（唐玄宗號）入京師紗巾毳袍杖履而行腰繫葫蘆數十廣施藥餌療人多效帝召入宮圖其形賜號藥王又韓無咎桐陰舊話引列仙傳唐武后時朝韋善俊京兆（陝西西安府）人長齋奉道常攜黑犬名烏龍世俗謂之藥王（按桐陰舊話韓忠獻億年

六七歲。病甚。忽若。張口。飲藥。狀。曰有。道士。牽犬。以藥飼我。俄汗而愈。因畫像以祀之。○按宋史韓億字宗魏。直隸真定府靈壽縣人。舉進士。仕宋真宗朝。職以太子少傅致仕卒。諡忠獻。世謂桐樹韓家。蓋門有桐。人因名之。又高士奇扈從西巡日錄云。藥王廟專祠扁鵲。按史記測議扁鵲。鄭人。姓秦名越人。又家於盧國。因名盧醫。遇神人長桑君。授以藥。令調露水服之。三十日。當見鬼物。又取禁方書。悉與之。忽不見。扁鵲如言飲藥。三十日。即通神。能隔墻見人。視病見五藏癥結。晉定公十一年。晉趙簡子疾。五日不知人。召扁鵲人視。二日半後。簡子寤。賜田四萬畝。秦太醫令李醯自知技不如扁鵲。使人刺殺之。鄭縣今直隸河間府任邱縣。○按尚友錄盧國人。姓扁名鵲。○按四書字詁盧國今山東濟南府長清縣西南二十五里。

四月二十八日。賀藥王生日。

蘇州府志云。醫學有藥王廟。舊稱三皇廟。祀伏羲神農黃帝。後並祀夏禹。康熙三十年。知府盧騰龍請以岐伯伯高鬼臾區少俞少師雷公配祀按輟耕錄岐伯等十六人。俱係三皇時良醫。改名醫王廟。俗傳四月二十八日之辰。乃是扁鵲誕降之月。吳人不祭。相沿為三皇生辰。不亦謬與。

閩雜記載福州府屬福建于山有藥王菩薩廟。或以為卽扁鵲。故亦稱盧醫廟。按天中記引唐本草序。藥王菩薩。姓韋名古。字老師。疏勒國得道人也。常身被毳袍。腰懸數十葫蘆。頭戴紗巾。手持藜杖。往來城野。以一黑犬自隨。開元（唐玄宗號）中。疾沴盛行。醫治輒效。朝野崇敬。稱爲藥王菩薩。或傳其年已五百餘矣。又引神仙傳言自堯舜至唐凡五度化身救世。其後黑犬化爲黑龍。負以升天。今廟中像有二。在上者草衣卉服跣足。科頭腰間亦懸葫蘆。在下者巾服如漢唐人。或謂在下者卽扁鵲。在上者乃神農也。恐非。當時建廟。旣稱藥王菩薩。當卽前二書所云者。惟異其巾袍。故誤耳。

辨 按今俗所奉之藥王。或爲韋古。或爲韋善俊。或爲扁鵲。或爲伏羲神農黃帝。見上十九張夫韋古韋善俊俱係仙傳所載。無稽荒唐。不問可知。況像祀善俊由於童穉之幻夢。更屬不經。若扁鵲雖稱周季名醫。但其詭遇神人。授以禁方。能通神見鬼。隔墻見人。說見上十九張種種謊說。旣無足道。敬之何益。至伏羲神農黃帝。因教人養生。稱爲先醫。蓋思所以能教人者。乃上主特隆賦畀乎。則敬崇上主。當爲先務。徒奉先醫。抑末也。

按藥王菩薩。或謂五百餘歲。或稱五度化身。或塑以氅袍紗巾。懸瓠持杖。或像以草衣卉服。跣足科頭。見上二十張種種誕妄飾奇。要不離乎僧道之附會翻新而已。兩般秋雨盦隨筆曰。高宗乾隆御製詩御史有以沙汰僧道爲請者朕謂沙汰何難卽盡去之不過一紙之頒天下有不奉行者乎但今之僧道實不比昔日之橫恣有賴於儒氏辟而闢之葢彼教已式微矣且藉以養流民分田授井之制旣不可行將此數千百萬無衣無食遊手好閒之人置之何處故爲詩以見意云頹波日下豈能迴二氏於今亦可哀何必闢邪猶泥古留資畫景與詩材大哉　王言足以遏邪說而息迂談矣是僧道俱係遊手好閒之人既無材藝可資溫飽於是臆造詭誕誘人施捨亦勢所必然無足深怪惟被其惑者今古同揆賢者或猶不免良可嘆已

瘟神

引重增搜神記載隋文帝開皇十一年六月內。有五力士。現於凌空。身披五色袍。各執一物。一人執杓子并罐子。一人執皮袋并劍。一人執扇。一人執鎚。一人執火壺。帝問太史張居仁曰。此何神。主何災福也。居仁奏曰。此是五方力士。在天爲五鬼。在地爲五瘟。名曰春瘟張元伯。夏瘟劉元達。秋瘟趙公明。冬瘟鍾仕貴。總管中瘟史文業。如現之者。主國民有瘟疫之疾。此天行四時病也。帝曰。何以治之。庶得免患。居仁曰此行病者乃天之降災無法治之是年國人病死者甚衆帝乃立祠六月二十七日詔封五方力士爲將軍青袍力士爲顯聖將軍紅袍力士爲顯應將軍白袍力士爲感應將軍黑袍力士爲感成將軍黄袍力士爲感威將軍隋唐皆以五月五日祭之後匡阜眞人遊至此祠卽收伏五瘟神爲部將云

封神演義載姜子牙敕封呂嶽主掌瘟㾮率領瘟部正神東方行瘟使者周信南方行瘟使者李奇西方行瘟使者朱天麟北方行瘟使者楊文輝

（辨）按隋文帝見五力士現於凌空張居仁指為主疫之張元伯等（見上二十三張）試問張元伯等繫何人耶其主掌疫癘孰使之耶一經究詰必為語塞則相率敬奉者亦妄甚矣至姜子牙敕封呂岳等為瘟神（見上二十三張）同一幻妄不足辨也

按夷堅志張子智貴謨知常州府（屬江蘇）慶元乙卯（宋寧宗元年）春夏間疫氣大作民疾者十室而九張多治善藥分諸坊曲散給而求者絕少頗以為疑詢於郡士皆云以嶽祠中有瘟神四巫執其柄凡有疾

者必使來禱戒令不得服藥故雖府中給施而不敢請張心殊不平他日至嶽祠指其中像衮冕者問爲何神巫對曰太歲靈君也又指左右數像或驚足或怒目或戟手曰此何物曰瘟司神也張拘四巫還府而選二十健卒飲以酒使往擊碎諸像毀其屋爲平地并將巫者杖而逐之民意張且貽奇譴然民病益瘳習俗稍革未終更召入爲吏部郎中據此染疾服藥人盡知之而巫者惟利是圖誘人禱祀阻人醫治拒禱祀雖虔終無一效是但

求肥已。而不顧人身命，居心險惡。眞堪痛恨。逮張

守毀祠逐巫。而民病頓瘳。尤足證瘟神之荒幻已。

羅神　眼目司　明目侯

（引）華亭縣志載：明嘉靖世宗間，御史馮恩戍雷陽廣東雷州府。時有羅氏兄弟五人，橫肆鄉曲。忽一日，各悔悟，自經。及恩歸，患目眚，感神入夢而痊。因於宅旁建廟，郡中有目疾者，輒禱之。按明史：馮恩字子仁，江蘇松江府華亭縣人。世宗嘉靖五年，舉進士。擢南京御史，上疏備指大臣邪正，獲罪，遣戍廣東雷州。越六年，遇赦還。家居，專爲德於鄉。年八十一卒。

（辨）按羅氏兄弟，肆擾鄉曲，後悔自經，其知過雖堪嘉尚，而輕生究無足道，祇以偶一幻夢，遂奉爲眼目司明目候，不亦惑哉。

黃道婆

【引】輟耕錄載閩廣多種木綿。紡績爲布。名曰吉貝。松江府東去五十里許。曰烏泥涇。其地土田磽瘠。民食不給。因謀樹藝以資生業。遂覓種於彼。初無踏車椎弓之製。率用手剖去子。線弦竹弧。置按間振掉成劑。厥功甚艱。國初。元朝有一嫗。名黃道婆者。自崖州屬廣東瓊州府來。乃教以做造捍彈紡織之具。至於錯紗配色。綜綫挈花。各有其法。以故織成被褥帶帨。其上折枝團鳳棋局字樣。粲然若寫。人既受教。競相作爲轉貨他郡。家既就殷。未幾嫗卒。莫不感恩灑泣而共葬之。又爲立祠。歲時享焉。

松江府志載上海西南烏泥涇鎮。故有道婆祠。道婆姓黃。本鎮人。初淪落崖州（即崖州屬廣東瓊州府）元元貞（成宗號）間附海舶歸。攜閩廣木棉種。之紡織爲布。教他姓婦女不倦。利被一鄉。及卒。鄉長者趙如娃立祠奉之。

辨 按黃道婆攜來棉種。教人栽織。死後。人爲之立祠。或亦報賽先棉之意歟。顧陔餘叢考曰。瑯邪代醉編謂棉花乃番使黃始所傳。今廣東人立祠祀之。蓋其種本來自外番先傳於粵繼及於閩元初始至江南。而江南又始於松江。據是番使黃始又爲道婆之先棉。而黃始亦自有其先棉。噫。大造資生萬物。人偏忘之。邨嫗創始一隅。人便感之。務末忘本。良可痛惜。

陳夫人

〔丹〕閩雜記曰。陳夫人亦稱臨水夫人。閩中各郡縣皆有廟。婦人奉祀尤謹。梁茝林退庵隨筆載夫人名靖姑。古田縣（屬福建福州府）臨水鄉人。閩王鏻時。（按五代史王鏻初名延鈞。據福建。後唐明宗冊封鏻為閩王。鏻好鬼神道家之說。道士陳守元以左道見信。建寶皇宮以居之。守元謂鏻當為六十年天子。後為大羅仙人。鏻因稱帝。受冊於寶皇。國號閩。建元龍啟。立十年見弒。）夫人兄守元有左道。隱居山中。夫人常餉之。遂受祕籙符篆。役使鬼神。曾至永福。（縣屬福建福州府）誅白蛇怪。鏻封為順懿夫人。後逃處海上。不知所終。謝金鑾臺灣縣志又云。夫人名進姑。福州人陳昌女。唐大歷二年（代宗[illegible]）生。嫁劉杞。孕數月。會大旱。脫胎祈雨。尋卒。年祇二十四。卒時自言。吾死必爲神。救人產難。建寧（府屬福建）陳清叟子婦孕十七月不娩。神見形療之。產蛇數斗。古田臨水鄉。有白蛇洞。吐氣爲疫癘。一日鄉人見朱衣人。仗劍斬蛇。語之曰。我江南下渡陳昌女也。言訖不見。乃立廟於洞側。自後靈蹟甚著。宋湻祐（理宗[illegible]）中。封崇福昭惠慈濟夫人。賜額順懿。後又加封天仙聖母青靈普化碧霞元君。此說多本書坊所刊陳進姑傳。如建寧陳清叟事。據建寧志宋時浦城縣屬福建建寧府徐清叟子婦產難。夫人幻形救之。謝之不受。問其姓名里居。但曰古田人陳姓。後徐知福州。令人至古田訪之。見廟中像。始悟爲夫人幻身。乃請於朝。加贈封號。今婦人臨蓐。必供夫人像室中。至洗兒日。始拜謝而焚之。與此說亦不同。若書坊所刊傳。尤多誕妄。如云夫人七歲被風攝去。至十三歲道成始歸。嫁同里黃姓。助王鏻用兵。及斬長坑鬼。收石峽怪等事。事既不典。言亦無文。或乃據之以爲廟中楹帖。殊可笑也。

辨按陳夫人來歷。退庵隨筆謂係五代時之陳靖姑。古田人。兄守元有左道。靖姑得其祕籙符篆。能役鬼神戮蛇怪。後竄海上無下落。此一說也。台灣縣志謂陳進姑係前唐時江南下渡人。嫁劉杞。適懷妊。天旱。墮胎祈雨。尋卒。卒時。自言沒必爲神。救人產難。會陳清叟子婦久孕不娩。進姑見形療之。產蛇數斗。又斬臨水鄉蛇怪以弭疫。此又一說也。建寧志謂宋時浦城縣徐清叟子婦患產症。夫人幻形拯之。并自言古田人陳姓云云。此又一說也。

見上二十九張參觀三說。同異互見。而其荒誕。則無不同。

迨考諸情節。知陳夫人乃一女巫耳。當時好事者。以婦女易欺。故將救產之說。緣飾以歆之。遂有深信而固結不解者。宋世累加封贈。殆亦曲徇輿情之舉耳。豈可據爲定憑哉。

柏姬　白雞

引閩雜記曰。柏姬廟在省城（福建福州府城）撫署東。志言明

XOL8兵入閩。（福建）元守臣柏帖穆爾殉難。家人盡奔散。其

女獨自刎死。後人旌其所居。曰高節里。又爲女立廟。

曰柏姬。今訛爲白雞。或說女有所愛白雞。一日誤飛

入井。女救之。亦死井中。此最可笑。書坊所刊白雞傳

又云唐時。有白雞年久得道。化爲女子。時方瘟疫。

製藥施捨。全活甚眾。後於白晝飛昇。故立廟祀之。是

亦齊東野語也。余（施鴻保自謂也。鴻保號可齋。浙江杭州府錢塘縣人。咸豐八年。著閩

【繼記】乙巳（道光二十五年）初來閩，嘗過廟，見座上供木刻白雞，神像則垂幃不可見，讀東廟下碑，乃知爲柏姬之訛，碑文本作伯姬。今廟額作柏，似當從碑文爲是。元國語，柏伯本同。然人名如伯廓木耳伯顏等，皆作伯也。

（辨）按柏姬乃元代福州守臣柏帖木耳之女，遇賊自刎，而後人爲之立廟者，殆旌其烈耳。厥後誤爲白雞，遂附會爲女子見雞入井，殉身以救者，或揑稱爲實係白雞，化爲女子者，洵如施氏所謂齊東野語。已無庸辨。惟有竟塑白雞。儼然高供。人遂羅拜其前。尤可哂已。

七姑子

引閩雜記載夷堅志甲集丙集皆載汀州府屬福建七姑子事云是山鬼城郭邑聚皆立其祠其狀乃七婦人周密癸辛雜志亦載汀州貢院內有七姑子祠云是土神今汀屬諸處皆有七聖宮郡城中尤多像亦作七婦人長祇尺許或坐或立奉祀甚謹有謂即明溪莘七娘者非也唯諸書第載其異蹟其由來則不可考矣

辨按七姑子或爲山鬼或爲土神其由來俱無從

考。則所稱異蹟更不足道。然像之者。必七其數。而致人敬。豈謂多多益善耶。噫。

糊塗

引印雪軒隨筆。載萬全縣（屬直隸宣化府）往北十里許有名糊塗廟者。不知所始。或云縣與山右（山西）接壤。廟祀晉大夫狐突。（按左傳狐突周襄王樾時。爲晉大夫。懷公立。訓突之子毛及偃從文公重耳。亡在秦。懷公執突曰。子來則免。對曰。子之能仕。父教之忠。古之制也。今臣之子。名在重耳。若又召之。教之貳也。淫刑以逞。誰則無罪。臣聞命矣。乃就死。）音之訛而爲此。理或然也。今之廟額。則曰胡神。其貌鬚蜷卷而狀獰惡。絕類波斯胡。波斯國在（印度之西）相傳七月朔。爲神誕辰。士人演劇酬神。遠近畢至。男女焚香膜拜。三四日乃已。士人云神司雹。

於此土稍慢之則硬雨為災秋稼必受其害故奉之不敢不虔其說荒唐不足信。

（辨）按糊塗即狐突不知何時傳訛其廟額又為胡神。狀貌猙惡無知小民本未讀左氏春秋至訛其音為糊塗世之好怪異者往往終貽笑柄。此類是也。若土人謂稍慢之則雨雹害稼。是又糊塗之說也。雨雹一事斷非狐突所能擅主。廟曰糊塗。人遂糊塗信之信之者要亦惟糊塗人耳况狀貌猙惡之神。人方鄙絕之不遑胡為敬事有加哉。

總管　利濟侯

〔引〕常熟縣志載利濟侯廟祀金昌及其子元七。澱山湖（按明一統志湖在江蘇松江府城西七十二里）人。歿皆爲神。元順帝至正間。（注）陰翊海道。俱封總管。

〔蘇州府志〕載總管汴（河南開封府）人。姓金。初有二十相公名和。隨駕南渡（按通鑑綱目曰宋高宗建炎三年。（注）金人南侵。帝渡江南奔。由鎮江蘇州至杭州。遂都焉。）僑於吳。沒而爲神。其子曰細第八爲太尉者。理宗（注）朝。嘗著靈異。遂封靈祐侯。靈祐之子名昌第十四。初封總管。總管之子曰元七。總管元至正（注）順帝間。陰翊海運，皆封爲總管。再進封昌爲洪濟侯。元七爲利濟侯。又有祀元王積翁，亦名總管。

柳南續筆曰。元史官制，諸路設總管府。達魯花赤之下。爲總管。總管之下。爲同知。治中、判官。散府。則達魯花赤之下。置知府。或府尹。揚州（府屬江蘇）杭州（府屬浙江）皆爲上路。則有總管。而無知府。黃太冲云。今紹興（府屬浙江）杭州多有總管廟。皆是昔守郡者之生祠也。吾（王應奎自謂也。應奎江蘇蘇州府常熟縣人。乾隆五年。著柳南隨筆十六卷。二十二年。著柳南續筆四卷）邑亦有總管廟幾處。則屬之於金昌及其子元七。按邑志云。

神生淤山湖。父子沒皆爲神。元至元(順帝紀)間。陰翊海運。俱封今職。則是總管之稱。又非生前所授也。吾意本係守郡者之生祠。而後人或以金神附會之耳。

(辨)按今俗事之神。有名總管。或名利濟侯。其爲元代總管官員。抑係淤湖金昌父子。尚未確指何人。而乃羣相敬事。可謂胡鬧已極。其妄當不辯而知。至謂能陰翊海運。伊誰信之。

戚公子

（引）閩雜記載連江福清（兩縣俱屬福建福州府）寧德（縣屬福建福寧府）皆有戚公子廟。連江縣志言戚繼光（按明史繼光字元敬。世宗嘉靖敉中。除浙江都司。嘉靖四十一年。倭犯福建。繼光奉檄往剿。大破之。）平倭。由連江進兵寧德。以其子為先鋒。傳令回顧者斬。至白鶴嶺。其子望見倭勢甚盛。勒馬回顧。將有所白。立斬以殉。戚止此子。倭平後。人哀之。故為立廟。然不傳其名字。故皆但稱戚公子。

（辨）按明將戚繼光。軍令綦嚴。至手刃其子而不惜。

可謂公而忘私者矣。然戚公子爲犯令而死，當自尤不暇，而閩人必爲之立廟者，蓋謂其父因平寇衞民，竟立斬愛子。雖迫於一時軍令，其心亦必痛子慘死。閩人欲曲慰其心，故有是舉。可見是廟之建，本非令人禱禳也。

蛇王

引清嘉錄載四月十二日為蛇王生日。進香者。駢集於葑門（江蘇蘇州府城東北門）內之廟。焚香乞符、歸粘戶牖、能遠蛇、。壽案錢希言獪園蛇王廟在葑門外。葑門（江蘇蘇州府城東南門）捕蛙者。祭獻其中。廟旋廢。不知何年重建於葑門內。祭賽者不獨捕蛙船矣。錢思元吳門補乘蛇王廟在葑門內。前殿塑蛇將軍特假蛇耳或相傳蛇王為方正學、正堪噴飯。按明史方正學即方孝孺。字希直。一字希古。浙江台州府寧海縣人。太祖洪武二十五年。以除漢中教授。蜀獻王聘為世子師。尊以殊禮。名其讀書之廬曰正學。及惠帝棣即位。召爲翰林侍講。明年遷侍講學士。建文四年。燕成祖陷南京。惠帝自焚。成祖使孝孺草詔。孝孺投筆於地。且哭且罵。成祖怒。命磔諸市。()按勝國文徵世傳方正學孝孺之祖葬時。其父夜夢老人告曰。族久居於此。幸待遷而發土。明日掘土。得蛇窟。而蛇不可數計。一時盡捶死。時正學之母有娠。見有黑氣一道。入座。其後正學之滅族。以爲蛇托生而報之耳。文言先生之舌似蛇。尤可笑也。夫先生一死。令名千古。誅夷一節。反以爲蛇之報耶。

閩雜記載福建漳州府城南門外。有南臺廟。俗稱蛇王廟。其神乃一僧像。府志及龍溪縣志皆不載。不知其所自始。相傳城中人有被蛇噬者。詣廟訴之。其痛自止。隨有一蛇。或腰斷路旁。或首斷在廟中階廡間。

俗謂蛇王治其罪也惟林野間被噬者訴之不驗

(辨)按蛇王或塑假蛇或裝僧像或卽爲明臣方正學夫蛇本蠢然一物最爲人所憎惡而謂聽造泥蛇能除活蛇毒螫能乎否乎若易其貌爲僧像謂能處治蝮虺豈知在生髡僧尚無其能而況死後泥形反謂能之有是理乎倘謂蛇與僧之像神實憑之則且問其神蛇耶僧耶抑別爲一靈神耶如曰蛇蓋謂蛇能成精豈知昆虫水族本無靈性僅具覺魂其生也不能任行幻術死則付諸消亡焉

耳。如曰僧蓋謂能得道。抑知僧巫在生。僧自命爲佛氏後人。然制治生類蛇虫。佛且不能擅主。見前編四十三張何論乎弟子耶。如或渾名之曰靈神。吾更問其神。爲正神耶。抑妖神耶。若正神。則秉命上主。至公至正。決不肯假手僧巫。貸其神能。若妖神。則雖能行妖術。佯爲利人。而其究必至害人。蓋鬼魔之情性然也。此中審辨。斷難絲毫假借。其間妖幻。尤不可妄致信從。至稱蛇王。係有明方孝孺祇以其父嘗葬誅蛇。遽爾附會。污衊先賢。誠如清嘉錄言。

正堪噴飯。

青蛙神

引三岡識略。載撫州金谿縣（屬江西撫州府）近郭。有一蛙。狀貌極大。獰猛可畏。據土人云。自東晉時以即見之。漸著靈異。商賈祭禱。獲利必倍。病者祀之。立差。邇來仕宦此地。亦必虔謁。因其號為青蛙使者。其隱見無常。有終身不得一見。亦有一人屢遇者。夫蛙之為物。最冥頑不靈。乃能歷千餘年。誕著詭異。至士大夫亦從而拜之。可怪也已。

印雪軒隨筆。載杭州（府屬浙江）崇奉青蛙神甚虔。祠中青蛙神座高僅數寸大不盈掌凡神之遊人家在杭州必具鼓樂送之歸常首加以演劇人家視神之色以小休咎大抵黑則主凶碧則主吉恒一日數變謂之換袍云

閩雜記載浙江杭州府湧金門內金華將軍廟本祀吳越將曹杲按萬姓統譜曹杲直隸真定府人仕吳越錢氏歸為金華令平叛兵有功擢守婺後錢氏入朝於宋委以郡事杲即城隅濬池曰湧金既歿民德之立祠池上俗亦僞為青蛙福建延平府城東亦有青蛙廟相傳神宅在府學泮池旁嘗降乩言本唐末武臣死黃巢之難者按通鑑綱

目）黃巢結黨起反。唐僖宗廣明元年[illegible]十一月。陷東都洛陽。十二月陷西京長安。僖宗奔蜀。其形時大時小。所至之家。必多喜慶。若止廟社宮衙。亦主地方安稔。其止處喜高潔。尤喜在堂壁間。以淨器拜而延之。輒躍入正坐。嗜燒酒。注滿器中。少頃漸盡。兩頰有紅暈。則神醉矣。又嗜看戲。且能自點。以紅單書戲目。必周視。足蘸酒濺之。或一二齣。或三四齣。人謂多點。為歆其祀也。一曰蛙神出游。止鳳仙花葉上。見其身大如順康錢。（謂蛙之大。如順治康熙制錢。）背色綠潤若可鑒。腰間金紋一縷。灼爍有光。腹下紅白色。目眶亦有金圈睛如點漆。灼灼瞪視。擱置茶盂中。以蓋蓋之。旋視之。則盂空矣。人謂此青蛙將軍也。去來莫測。雖扃鐵匣。亦能自逸也。

聊齋志異載江漢之間。俗事蛙神最虔。祠中蛙不知幾百千萬。有大如籠者。蛙游几榻。甚或攀緣滑壁不得墮。人恒斬牲禳禱之。楚有薛崑生者。幼慧。美姿容。六七歲時。有青衣媪至其家。自稱神使。願以女下嫁崑生。薛翁卻之。數年後。崑生在途。有使者迎往入一朱門。樓閣華好。有叟坐堂上。類七八十歲人。崑生伏謁。叟命曳起之。顧侍婢曰。入言薛郎至矣。數婢奔去。移時。一媼率女郎出。年十六七。叟指曰。此小女十娘。自謂與君可稱佳偶。崑生默然。媼曰。請先歸。當送十娘往也。崑生趨歸。輿亦隨至。青衣成羣。十娘入門。上堂拜翁姑。卽夕合巹。自婚於神。門堂藩溷皆蛙。人無敢詬蹴之。惟崑生任性踐斃。十娘憾。語侵崑生。崑生怒曰。丈夫何畏蛙也。十娘甚諱言蛙。聞之恚甚。而出怨言。崑生益憤。遂逐十娘。數年後。崑生頗自悔。十娘亦自返。由此崑生不作惡謔。於是情好益篤。居無何。

十娘臨蓐。一舉兩男。薛氏苗裔甚繁。人名之薛蛙子家。近人不敢呼。遠人呼之。

（辨）按青蛙在金谿。則狀貌絕大。能令商賈經營順利。病者弗藥而瘥。在延平。則其形僅如順康錢。嗜看戲。并能自點戲目。主人家喜慶。地方安稔。見上四十二張 噫。昆虫之爲物也。冥頑無靈。人盡知之。乃謂青蛙微虫。具知識掌禍福。抑何不思之甚。至謂其幻作女子。婚嫁生育。見上四十三張 尤屬誕妄。無庸辨矣。

按柳南隨筆曰。今塑神像者。輒捕龜蛇鳥雀生納其腹。意取生物之氣。以爲土木靈性也。聞故明時。

無錫縣屬江蘇常州府東林書院塑龜山先生像因一楊樹。去其上半中爲像留其根以爲座當時以先生姓楊。故其像卽因楊樹而又以先生號龜山。并納龜於其腹眞兒戲矣據此。世俗裝塑神像。將龜蛇鳥雀。生納其腹。此種假借。雖屬不經。然敬之者。其意猶注於所像之人。非於飛潛蠢物也。乃竟有見一青蛙。遂下心低首。自忘其尊。豈不可笑。或謂蛙雖微物。有武臣忠魂。憑附其間。故能通神。見上四十二張然此說本於乩壇。亦何足信。況人家喜慶。地方安稔。主斯二者。厥惟上主。非赳赳武夫。一經殉難。遂能僭越也。人盍再三思之。

石敢當

引輟耕錄事物原會合載。按西漢史游急就章云。石敢當。顏師古注曰。衞有石碏石買石惡。鄭有石制。皆爲石氏。周有石速。齊有石紛如。其後以命族。敢當所向無敵也。據此。則石敢當乃古人名。今於巷陌橋道之衝。立小石。鐫石敢當三字。以厭禳之。明陳氏繼儒羣碎錄云。五代漢劉智遠（後漢主高祖更名暠）時。有勇士名石敢當。其慕古人名以自表見耶。抑卽其人與。又嘗按王象之輿地碑目云。宋仁宗慶歷中。張緯宰莆田。(縣屬福建興化府)得一石銘。其文曰。石敢當。鎮百鬼。厭災殃。官吏福。百姓康。風教盛。禮樂張。唐代宗大歷五年。吐縣令鄭押字記。今用碑刻石敢當以鎮。即此風也。

(辨)按石敢當。本係人名。取所向無敵之義。而今城廂第宅。或適當巷陌橋道之衝。必植一小石。上鐫石敢當三字。或又繪虎頭其上。或加泰山二字。名曰石將軍。謂巷道之衝。有關凶煞。此石能厭禳之。豈知巷道不能致殃。頑石焉能祓禳。孟子曰禍福無不自已求之者。人亦勿以善小弗爲。惡小爲之。

庶幾災禍之來。自可邀免。片石之微。豈足恃哉。

按文海披沙謂前代朝廷封爵有濫及草木鳥獸無知之物者。如秦封松爲五大夫。漢官儀曰秦始皇時封太山。遇疾風暴雨。賴得松樹。因覆其下。封爲五大夫。唐武后時封柏爲五品大夫。玄宗時封白騾爲將軍。昭宗時封猴爲供奉。陳時封石爲三品。宋時封烏馬爲龍驤將軍。封石爲盤古侯。高齊後主時封馬及鷹犬。乃有儀同郡君之號。鬬雞亦號開封。錢鏐吳越王時號其幼所嘗戲大木曰衣錦將軍。劉旻北漢主時爲黃騮治廐。飾以金銀食以三品料號自在將軍。據此。動植無靈之物。均加封贈。如騾馬號曰將軍。頑石封以品爵。可謂冒濫已極。等名器於弁髦矣。是前代之賜號封爵。未必名實悉稱。然猶施之於上也。而不謂今俗植立片石。卽尊之曰將軍。似編氓鋪戶。亦操錫予之權。荒幻之爲。將何底止耶。

掃晴娘

引 陔餘叢考。載吳俗雨後。閨閣中有剪紙爲女形。手持一帚。懸簷下以祈晴。謂之掃晴娘。按元初。李俊民按元史。俊民字用章。山西澤州府人。金章宗承安間中舉進士。未幾。棄官不仕。隱於嵩山。元世祖召之。遂乞還山。及卒。賜謚莊靜先生。有掃晴婦詩。卷袖搴掌手持帚。挂向陰空便搖手。其形可想見也。俊民澤州人。而所詠如此。可見北省亦有此俗。不獨江南爲然矣。又其序云。所以使民免乾溢之患。則不獨祈晴。又以之祈雨。

辨 按世俗剪紙爲女形。手持一帚。懸於簷下。謂之

掃晴娘是直以止雨放晴責之寸紙設或偶一巧
値便共詫爲奇驗何不察之甚耶

牀神

〔引〕清嘉錄載：「薦茶酒餻果於寢室，以祀牀神，云祈終歲安寢。俗呼牀神爲牀公牀婆。」楊循吉除夜雜詠〔明〕按楊循吉字君謙，江蘇蘇州府吳縣人，明憲宗成化二十年，進士，授禮部主事，好讀書，每當得意處，即狂舞不能自禁，用是得顛主事名。云，酌水祀牀公，蓋今俗猶以酒祀牀母而以茶祀牀公，謂母嗜酒。公癖茶。謂之男茶女酒。而魏巁錢塘縣志，亦載除夕用茶酒果餅祀牀神。以祈安寢。杭俗祭牀神以上元〔正月十五日〕後一日。品用煎餅。

〔辨〕按今俗以茶酒饈果。祀牀公牀婆。祈終歲安寢，其風始於何時，無從考據，不知人欲安寢，但當心神恬靜。衾影無慚，故諺云，日間不作虧心事，夜半敲門不喫驚。則安寢與否，非牀神所能主也，然而眠牀臥榻，豈有式憑之神耶。

蕭王

引蘇州府志載蕭王廟在臥龍街樂橋上。相傳橋近市曹戮人處。以蕭何制律。故祀之。

前漢書載蕭何沛（江蘇徐州府）人。秦季。爲沛主吏掾。及高祖起爲沛公。何嘗爲丞督事。沛公至咸陽。諸將皆爭走金帛財物之府分之。何獨先入收秦丞相御史律令圖書藏之。沛公具知天下阨塞。戶口多少。彊弱處。民所疾苦者。以何得秦圖書也。漢王五年。既即皇帝位。論功行封。羣臣爭功。歲餘不決。上以何功最盛。封爲酇侯功臣皆曰臣等身被堅執兵攻城略地今蕭何未有汗馬之勞徒持文墨議論不戰顧居臣等上何也上曰諸君知獵乎曰知之知獵狗乎曰知之上曰夫獵追殺獸者狗也而發縱指示獸處者人也今諸君徒能走得獸耳功狗也至如蕭何發縱指示功人也上撓功臣多封蕭何初高祖入關約法三章曰殺人者死傷人及盜抵罪蠲削煩苛兆民大悅後以三章之法不足以禦姦相國蕭何攈摭秦法取其宜於時者作律九章後何爲民請曰長安地陿上林中

多空地棄。願令民得入田。毋收稾為獸食。上大怒曰。相國多受賈人財。為請吾苑。乃下何廷尉。械繫之。數日。王衛尉侍諫相國無罪。上使使持節赦出何。何為家不治垣屋。曰令後世賢。師吾儉。不賢。毋為勢家所奪。孝惠二年。相國何薨。謚曰文終侯。

（辨）按太史公曰。蕭相國何於秦時為刀筆吏。錄錄未有奇節。及漢興。依日月之末光。何謹守管籥。因民之疾秦法。順流與之更始。淮陰黥布按史記淮陰侯韓信黥布姓英氏。俱從漢高祖定天下。後各以反誅等。皆以誅滅。而何之勳爛焉。位冠群臣。聲施後世。與閎夭散宜生等爭烈矣。是何固爲炎漢傑出之士。智於謀國。哲於自謀者矣。後世徒以其酌制律法。能詰暴禦奸。遂爲之立廟。不知律法。非創自蕭何。虞書曰。象以典刑。流宥五刑。夏書曰。不用命。戮於社。是漢以前。刑法久立。而後人乃獨爲蕭何建廟。其何說之辭。如謂禱之可免刑戮。則尤爲愚夫之見已。

聖姑

引蘇州府志載盧志按唐人記聖姑姓李氏。有道術。能履水行。其夫殺之。自死至唐中葉。幾七百年。顏貌如生。儼然側臥。祈禱者。心有侮慢。風迴其船。無得達者。每日沐浴粧飾。爲除爪甲。形質柔弱。只如熟睡。蓋得道者歟。辨疑志大歷中（廟在蘇州城西太湖中洞庭山）代宗朝昇姑寺。有聖姑廟。其棺櫬在廟中。俗傳姑死數百年。其貌如生。遠近賽禱。歲獻衣服粧粉不絕。其巫祕密。云不可就視。棺開。即有風雨之變。里人敬事無敢窺覷者。

有李七郎菟狂。不逕率奴客啟棺。惟朽骨髑髏而已。亦無風雨之變。（續志）偕傳晉王彪 按（晉書）王彪字叔武。年二十。鬚髮皓白。時人謂之王白鬚。仕東晉穆帝永和聯朝。孝武帝太元二年卒。有二女。長號聖姑。次素姑。常著柘木屐子。涉水而行。衣不沾溼。人以為神。遂立廟。

（辨）按聖姑亦稱昇姑。相傳為李氏女。一說作王氏女。俱能飛行水面。巫僧匿其棺。謂姑死數百年。迄今猶顏色如生。仍須飾首除爪。他人不得窺伺。偷覷之風雨立變。會有李七郎者。素不羈。一日率奴客突入廟。搜而視之。惟見朽骨髑髏。而風雨之變亦不驗。據是。則附會聖姑諸說。得李郎猝發其覆。洵稱快事。而巫祝之詭祕。亦昭然若揭。況聖姑被夫殺死。巫者飾以蹈水。故識者謂蹈水一事。斷不能觸夫盛怒。遽刃室人。恐其間別有因耶。

歷代永統紀年表圖例言

司鐸黃伯祿斐默氏編

一。永統紀年表者。遵歷代年表。并竹書紀年。以黃帝爲始。卽以黃帝元年。爲永統之初年。自黃帝至明末。按通鑑編年。其計四千三百四十載。依次編屬。合爲一永統。蓋考自黃帝至舜。賢賢繼統者七帝。自夏后氏家天下以來。其一統者十二。偏安者十二。割據者三十有六。錯綜其閒。各以興朝興國之始爲元年。且有紀元。一帝數易。如欲核某朝某國。

與何朝何國同時或某朝某國某元。與某朝某國某元相隔若干年。俱難立時核計。故將賢繼七帝。一統偏安二十四朝。割據三十六國。合以永統編之。則核計當較易耳。

一。各朝各國始末。悉照歷代年表。按通鑑編年。列以永統。標於圖額第二格。合西歷紀年。附於圖末第一格。

一。自黃帝至周宣王。按竹書紀年。較通鑑編年。少二百零六載。茲又按竹書。編以永統。標於圖額第一格合西歷紀年。附於圖末第二格。

一。賢繼者七帝。曰黃帝。曰少昊。曰顓頊。曰嚳。曰摯。曰堯。曰舜。是也。

一。一統者十二。曰夏。曰商。曰周。附列國曰秦。曰兩漢。曰西晉。曰隋。曰前唐。曰趙宋。曰元。曰明。是也。

一。偏安者十二。曰蜀漢。曰東晉。曰劉宋。曰南齊。曰南梁。或蕭梁。曰陳。曰後梁。曰後唐。曰後晉。曰後漢。曰後周。曰南宋。是也。

一。割據者三十六。蜀漢時。曰曹魏。曰孫吳。晉宋間十六國曰二趙（前趙亦曰北漢後趙冉閔附）曰三秦（前秦後秦西秦）曰五涼（前涼後涼南涼北涼西涼）曰四燕（前燕後燕北燕南燕西燕）曰成曰赫連夏北朝曰元魏（代附）曰東魏曰西魏曰北齊曰北周五代時十國曰楊吳（亦曰淮南）曰南唐曰前蜀（亦曰西蜀）曰後蜀。（亦曰西川）曰南漢（初曰嶺南）曰北漢曰馬楚曰吳越曰閩曰荆南（亦曰南平）兩宋時曰遼曰西夏曰金是也。

一。正統諸朝，標以粗線。割據諸國，則以細線。建國在正統前者，亦誌以細線，如秦國是也。

一 ㊟禪 授禪也，如堯禪舜是也。

一。㊁滅亡也。如夏之滅亡於商、是也、

一。㊀一國分爲二也。如東漢續於蜀漢。而分於曹魏。是也。

一。凡續統仍列原格。如東漢續西漢。蜀漢續東漢。是也、

一。凡國更易新號、仍列原格、如北漢改號前趙、是也。

一。凡國繼替。仍用勝國名號亦列原格。如姜齊、田齊、高雲北燕、馮跋北燕、是也。

一。凡朝號國名、有相同者。則加以姓氏別之。如劉宋

趙朱赫連夏拔跋是也。

第一輯 第24册

集說詮眞提要

正編 第16種

康說詮真提要

光緒己卯年鐫

江南主教倪　准

司鐸黄伯禄斐默氏　輯

蔣超凡邢胙氏　校

光緒甲申年重校

上海慈母堂藏版

序

書有之曰。惟人萬物之靈。所謂靈者。非僅備五官四體而已。謂其具妙悟識眞理耳。理散於萬殊。彙於一本。人之生有自死有歸。生自上主。死歸上主。所自所歸。二者實包涵夫萬理。而上主者萬理宗匯之源也。故欲悟眞理者。端自識有上主始。無如異說妄行。眞理轉泯。其說之紛紜舛錯。莫可究詰。而要不外於儒釋道三家。釋道之說。皆昧乎生之所自。死之所歸者也。儒則傳自羲軒。道統相承。宜乎徹要理識大原矣。

奈古本經籍歷遭災厄。什不存一。致後儒無由考索。
趙宋之世。乃有創太極新說。逞臆憑虛。莫知所向。當
時學者咸宗之。考釋老與儒。宗仰各殊。門戶自別。而
今者從俗之上。遊仲尼之門。而於二氏之不經怪誕。
亦酷信而崇奉之。此皆由未能確審傳述眞僞所致
也。歲丁丑。彙輯諸神事實。條辨成編。顏曰集說詮眞
梓既竣。復著說二篇。以爲前編提要。首將造物主按
理窮原。徵其實有。更將儒釋道三教。援引書籍。述其
源流。又將詳辨述事眞僞要例。準情酌理。縷析陳明

孟子曰。逃墨歸楊逃楊歸儒。尤望歸儒者。無為後儒新說所誤。而尋繹於古儒之旨更按要例十端。以詳審夫述事之真偽庶可悟先儒未言之蘊以求真理之原。而明生死之故實在功夫得所下手則余蒐輯之愚衷亦藉以收一得之效焉豈獨余之厚幸哉。豈非余所深望哉是為序

光緒五年歲次己卯小春月司鐸黃伯祿斐默氏識

目錄

經典九厄見二十二張

經典十厄仝上

周易來歷見二十三張

著僞書仝上

尙書來歷見二十四張

著僞書見二十五張

儒家說經破碎穿鑿見二十六張

筆墨紙創始見二十八張

詩經來歷仝上

論審辨靈奇妖異見百八張

集說詮眞提要

司鐸 黃伯祿斐默氏 輯
蔣超凡邢腓氏 校

微有造物主

夫天位乎上、地位乎下、萬物庶類、紛紛羅列、而人居其中、雖似太倉稊米、滄海浮萍、然其尊貴、迴越乎天地萬物之上、蓋天地雖大、萬物雖夥、皆係頑蠢無靈。無論五行塊然、即草木敷榮、但能生長、禽獸繁殖、第能覺動、人兼之而更具靈魂、非特擅主張能思想習文字精技藝幷能分辨善惡判別是非探本溯原會通萬理豈若蠢頑物類僅能順其必然之性生長覺動而已是天地間至貴者人。人爲萬物之靈惟靈故能達理。顧理散萬殊。統歸一本返本窮理斷自欽崇大造始大造者即恆言謂之造物謂之上主造物云者以其造化萬物也。上主云者謂其宰制萬物也。古儒稱之曰天曰上帝。其義不同後儒不得其義釋性爲理釋理爲天異端釋老之流。更參以荒誕稱人鬼爲上帝謂妙樂太子爲玉皇上帝天與上帝之稱於是混矣我聖教嫌其混擬尊其稱曰天主然非如（史記）八神將中之天主也史記封禪書云秦始皇祠八神八神將自古有之或曰太公以來作之一曰天主祠天齊淵水二曰地主祠泰山梁父三曰兵主祠蚩尤四曰陰主祠三山五曰陽主祠之罘六曰月主祠之萊山七曰日主祠成山八曰四時主祠琅邪○按通志天齊淵在山東青州府臨淄縣東十五里梁父山在山東泰安府東南一百十里蚩尤墟在山西解州安邑縣南十八里三山在山東萊州府城北五十里之罘山在山東登州府福山縣東北三十五里之萊山在山東登州府黃縣東南二十里成山在山東登州府文登縣南一百二十里琅邪山在山東青州府諸城縣東南一百五十里特因萬彙之中惟天爲大萬名之內惟主

天地人類有始徵一

為尊取其至大無窮至尊無對之義以稱之耳。

天地萬物有宰造之主。其理本甚顯。無如人多役役於世俗中功名貨利外。絕不經心。日享萬有之用。不知有造萬有之主而敬之。良可痛也。爰不揣鄙陋為卑數篇以徵之。

天地人類有始徵有造物主也。考各國古史。俱謂天地人類有始。如中國史載混沌初開。乾坤始奠。盤古首出天地初分。且觀天地運動而知其必有所始。天象地毬各自運旋。循環無已。有一日一週有一月一週有一年一週有數十百年一週既有週之期必有其週之始其有動必始於不動且必始於無天可旋無地可動其未有天地運動之先乃天地之始也更觀人類昔稀而今庶即知人類之有始也人世譜系首必言始祖父母某居某地後乃子孫繁盛分居各處別以支派仍係一姓同奉一始祖由是溯原知普世萬民同一元祖男女兩人猶一姓之始祖然各國史乘俱載國內戶口古少今多而知萬民分居各國別其姓者猶一姓

之子孫。分居各處。別以支派者然。裔族雖繁。支派雖別。而同一始祖。以同一姓徵之。而萬國之民同一元祖。果有大同而堪徵信者。宇內各方之人。雖地隔重洋。相距數萬里。而常行之事。有大同者在。如禱告祈祝之禮。喜慶哀戚之儀。樂工鼓吹之器。童穉玩弄之物。耕耘工匠之具。天下萬國。大抵相同。豈非萬國之民。肇於一國。始於一家。元祖元宗遺制。後世子孫。分居各國。仍沿其舊者乎。則此大同諸端。明徵萬民同一元祖。元祖之時。人類之始

萬物不能自生徵二

也天地人類旣有其始則必有始之者始天地人類者伊誰卽所謂造物主也

萬物不能自生徵有造物主也生物者須在物先受生者必自無而有生物者旣在物先則已先有何必更生受生之物初無其物旣無其物何從生物物有二品或生成如人獸或製成如器皿生成者人生於人獸生於獸未有人與獸能自生者猶如製成者房室器皿必藉工匠製作而後有未有能自成者也可知生類庶物均非自生旣非自生

必有始生之者。始生物者伊誰。卽所謂造物主也」

天象運旋不爽徵有造物主也。日月循環。星辰旋轉。躔度各別。次第不一。自古迄今。未嘗或紊。兩至兩分。四時節候。日月相蝕。五星隱現。皆有定時。無稍差忒。詢如孟子所謂天之高。星辰之遠。苟求其故。千歲之日至。可坐而致。然無靈之物。不知舉動。若一舉一動。悉合其機。絲毫不爽。必有含靈者使之然。如自鳴鐘旋轉不息。指時報刻。絕不愆期。必有巧匠經營。置有轉輪消息。而使之然也。是則天

上主係自有

體無靈。錯行不謬。豈非有使之然者之明徵耶。或謂物各有本性。自然而然。又何必運之使然。夫因性而然。似也。但其性之然。從何而有。必先有授之性、以定其性。然後能因其性。自然而無不然也。夫授之定之者伊誰。卽所謂造物主也。

萬物未受造爲無。旣受造爲有。是萬物以受而有。不可無可有、而非必、有。受造者。旣可無可有。則造之者定爲必有。設造物者。亦非必有。而爲可無可有則亦等於受造。非造物者也。造物者。旣係必有、則係自有而非受有。受有者。可無可有。而非必有。故必有者。定係自有也。如萬千之數。必始於一。故一爲必數。且萬數成於千。千成於百。百成於十。十成於一。一者無由成。故一又爲自數也。自有者。爲純有。純有者。無一不有。無一不有者。爲全有。全有者。備萬美而極其至。故造物者。備萬美而極其至者也。備萬美。則係獨一無二。靈明神體。至仁至義。全智全能。無始無終。無所不在。倘或有二。則有相匹。所備之美非全。如非神體。則爲形體。形體囿於形。不能備萬美。仁義智能。無始終。無不在。俱美德也。備萬美者。不得不有也。皇矣哉上主。至尊無對。至大無窮。內福常充。德流外而通其仁。好善惡惡。定賞罰而昭其義。亭毒萬物。宰制保存。無間俄頃。無分巨細。全能之顯也。位置庶類。各得其所。分性別宜。同歸一向。全智之徵也。閱萬世而不與世始終。萬萬物而不與物同體。其行無動。其靜無息。至玄而非空。至穆而非無。雖高雖渺。精誠可通。極威極嚴。愛慕可近。不見而覩之。不聞而聽之。非附而可與之契。不覺而時受其恩也。迷哉人也。但知有天地君親師而不知有造天地生父母立君師之天主。知流而不知源，知末而不知本。甚有創立虛無寂滅之談，以謊誕無稽之人鬼奉爲宰制天地掌理羣生之主，至於欽崇造物眞主，乃大本大原，至要至切之務，反漠然若忘。吾願世人勿惑於臆說，勿信夫謊誕，惟眞本是究，眞主是崇，庶不愧爲萬物之靈，則幸甚矣。天主教之原委大旨，詳見天主實義、眞道自證等書，茲不贅。

考儒釋道三教源流

人具秉彝良性。設能食煖衣。而逸居無教。即不可以爲人。我中國自羲皇至周。惟有儒教。按三代以前。無儒之稱。然其名雖無。其實已有。宋儒胡寅曰。儒以名學仁義道德之人。自周有之。然非一定之美稱也。故孔子曰。女爲君子儒。無爲小人儒。學仁義道德不失其正。君子儒也。學仁義道德而失其正。小人儒也。見文獻通考。迄周季。道術始行。至東漢時。釋家流入。由是三教鼎峙。儒宗孔子。按儒教始自羲皇。但降至周季。異端蜂起。名教陵夷。孔子出而挽救之。而先聖經緒。賴以復振。故後儒不宗古帝。而特宗孔子。釋宗文佛。道宗老子。莫不自尊其宗。自詡其教。而互相非毀。別

儒家自尊
而非釋道

下分門各執成見詳略述之

儒家云教之大者莫大於儒（見唐賈至旌儒廟碑）儒者之道與天地並立為三三皇儒而皇五帝儒而帝三王儒而王皋夔伊傅儒而臣孔子儒而師其道未嘗不同然未有盛於孔子者其言足為世法其行足為世則是為道德之儒孔子誠道德之儒也（見明宋濂七儒解）負至聖之才懷帝王之器屈己以成道貶身以救世考五代之禮修素王之業所謂命世大聖（見三國陳思王曹植魯孔子廟碑）首於儒而開大教也（見文粹常仲孺孔子廟碑）佛者胡中之桀黠

也（見讀史管見）佛法鬼教也（見北史魏臣李瑒論釋教）左道也（見續文獻通考引史臣言）孔子之教神之尊者曰上帝。自佛教興乃有上於上帝之神浮屠氏眞大亂之道三代聖王所必誅者也。（見續文獻通考引明邱濬言）至於老子坐井觀天而小仁義（意取唐韓愈原道）其教曰道以天下共由而得名猶道路然得道而盡惟堯舜文王周孔耳老聃之言。獨善其身不可與天下共由也而名之曰道自漢以來失之矣世之奉道者意以道為混淪玄妙有生有知能與人興禍作福之一物也豈不遠哉（見文獻通考續通考引宋儒胡寅言）釋老之害過於楊墨（見韓愈論佛書）其言儒者有弗道其誕儒者不信（宋史司馬光傳曰釋老之微言不能出吾書其誕吾不信也）攘之斥之吾儒亦可謂不辭勞矣（韓愈衛道學闢人排斥佛老其有功之於儒可為勞矣）有述儒教自尊而卑釋道也

釋教自尊而卑儒教

釋家曰佛爲天上天下之獨尊（見元妙內篇）道德之元祖神明之宗緒（見辨正）道濟萬彙慈育萬有（見翻譯大論）當周之衰先王之法壞禮義亡釋迦入中土設爲慈悲以化衆生（見[illegible]）大開覺路穩渡迷川（見李白寄孟浩然詩）其道精巧孔子所不及者也（見宋[illegible]語錄引佛家言）孔子乃淨光童

引（見清淨法行經）儒童菩薩。（見維摩詰經）只受業文佛之弟子。（意取韓愈原道）其道止及一世。不見來生無窮之緣。積善不過子孫之慶。累惡不過餘殃之罰。酬報止於榮祿。誅責極於窮賤。視聽之外。奚然不知。釋迦開無窮之業。拔重關之險。闡方寸之虛。宇宙不足盈其明。設一慈之救。羣生不足勝其化。敘地獄。則民懼其罪。敷天堂。則物歡其福也。三教之中。釋為故。釋日也。道月也。儒五星也。（見北史李士謙傳）故梁武自謂。少時學周孔。弱冠讀六經。晚年開釋卷。猶日映眾星。（見梁武帝詩）且又釋如黃金。道

道家自尊而非儒教

如白璧。儒如五穀。見輟耕錄儒者之道。誠如五穀。止可以養身。不可以伐病。見東坡蘇軾論儒其道淡薄。收拾不住。故人皆歸釋氏。見經濟類編以儒止可治世。以道止可持身。以佛乃可修心也。見續文獻通考

右述釋教自尊。而卑儒教也。

道家曰。老子先天地生。以資萬類。千變萬化。厥跡靡常。授軒轅於峨嵋。教帝嚳於牧德。大禹聞長生之訣。尹喜受道德之旨。見魏書釋老志顯名道士。世傳勿絕。惟老子得道尤精。見神仙傳叔梁紇淫夫也。徵在失行也。野合

而生仲尼焉。見晉張華博物志 仲尼飾羽而畫。從事繁辭。以文爲旨。忍性以視民。而不知不信。見莊子 道者。萬殊之源。儒者。大湆之流。重仲尼而輕老子。何異乎貴明珠而輕淵潭。不知淵潭者。明珠之所自出。仲尼嘗敬問伯陽。老子自謂知魚鳥而不識龍。喻老氏以龍。蓋其心服之辭。非空言也。仲尼不能沉靜玄默。自守無爲。故老子戒之曰。去子之驕氣淫志。此足以知仲尼不免於俗情。非學仙之人也。見抱樸子 迨後祇爲玄宮仙。見酉陽雜俎 及太極上眞君耳。見眞誥位業圖

釋道兩家互相爭勝

右述道教自尊。而卑儒教也。

釋道兩家。又互相爭勝。道家謂老子西入流沙。化胡成佛。（見三國志註）又謂佛國人獷狎好殺。周莊王十年。以老子於摩耶之腹。託生爲佛。化其強暴。又謂周莊王癸巳以之歲。一陽之月。老子遣尹喜。乘月精白象下天竺。於靜飯夫人口中。託生爲佛。而釋家惡其說。將佛之生時。推在老子之前。謂佛生於周昭王之世。以遣弟子摩訶迦葉下生世間。號曰老子。道家又欲勝之。乃謂老子降胎。在商王陽甲以時焉。（分見八紘譯史路史註造）

方也

總

右述釋道兩家。互相爭勝也。

雖然。教之眞僞邪正。自譽不足徵。人毀不必憑。自有可徵可憑者在也。所在維何。曰在於其教之大旨。及其由來傳習也。儒釋道三教大旨各別。其由來傳習又各殊。請略爲敘之。

中夏之有儒教。蓋始於上古時也。三皇五帝去諸厄未遠。生民之初紀。元祖之遺訓。猶得聞而知之。

按龍文鞭影曰。人始亞當。引格致鏡原云。西經所載。昔有人以水土和成男。取男一肋。復成女。男曰亞當。女曰陀綫。生子一名迦音。一名亞伯。種類繁息。儀染大地。一千六百年。洪水稽天。僅留一善者。名諾厄。及三子。一名生。一名剛。一名雅弗。種傳聖賢。分掌天下。意盤古正當此時。○案明蕭漢沖輯龍文鞭影曰。昔有人和水土成男。爲人始祖。但和且水土者。非人類中人。乃無聲無臭之上主也。又爲民之先覺先知。悟澈心性至道。定有迪於衆庶者。乃著經典。昭垂後世。此儒教之所由昉焉。

太昊伏羲氏作書契。書制有六。一曰象形。二曰假借。三曰指事。四曰會意。五曰轉注。六曰諧聲。使性中義理。綴以文字。文字歸以六書。由是文籍生也。伏羲神農黃帝之書。謂之三墳。言大道也。其書已失。今所傳者。乃僞本。按文獻通考張天覺言得三墳於北陽民家。世以為天覺偽撰。又毛漸言宋神宗元豐中。奉使京西。得之唐州民舍。其辭詭誕不經。偽書也。鄭樵好奇獨信之。且答世人以其晚出而疑。鄭樵見後二十四張

少昊顓頊高辛唐虞之書。謂之五典。言常道也。由是道

儒教相傳

統始開。其見而知者。為禹(姒)皐陶伊萊呂散閎而知者。為成湯(子)文(姬)武(姬)周公。各垂訓誥。續編經典。維時斯道彰明。天子以是為政教。百官有司以是為職業。庠序學校師弟子以是為講貫受業焉。幽厲(厲王姬幽王姬)

儒教傾頹

之世。周道衰微。諸侯放恣。以典籍為害。已而去之。邪說橫行。以異學為可尚。而宗之。名教傾頹。典章隳

系。陵夷踳駮。相乖舛也。幾二百餘年。道統之不絕。僅如一綫。惟賴賢者識其大。不賢者識其小耳。時有孔子怓憫禮經廢缺。大道將墜。欲維古帝前王之業。但有德無位。不獲與議禮制度考文。乃退而與其徒。刪詩書。贊易象。討論典墳。又以魯周公之國。史官有法。使子夏等十四人。求周史記。得百二十國紀事。因作春秋。假日月以定歷數。藉朝聘以正禮樂。託書義之褒貶。以昭法戒。而垂憲章。七十子之徒。顏師古曰。七十。謂弟子達者。七十二人。舉言成數。古云七十。散遊列國。大者爲卿相師傅。小者友教士大夫。如子思居衛。子張居陳。子游居吳。澹臺子羽居楚。子夏居西河。子貢終於齊。咸以親稟微言。闡傳大義。馳聲海內。抗禮邦君。自有孔子。風雅變而還正。經典逸而復存焉。孔子沒而微言絕。七十子喪而大義乖。

儒教分裂

至威顯（時周威烈王。時顯王。）之世。戰國縱衡。處士橫議。墨翟楊朱。（按尚史墨翟宋大夫。其道以兼愛爲本。楊朱或曰姓陽名戎。字子居。其道以爲我爲本。）各立門戶。前代遺言。幾於絕響。

孟子續統

孟軻氏（按聖域述聞孟子名軻字子車。一作子居。又作子輿。鄒人。魯公族孟孫之後。周烈王四年。時四月二日生。孟子三歲。父激卒。母仉氏育之。稍長受業子思之門人。顯王三十三年。時年三十七。應聘至梁。見惠王。四十三年。時事齊宣王爲上卿。慎靚王四年。軻年五十六。母卒。自齊反鄒。六年。軻至齊。宣王以為客卿。赧王元年。軻致為臣而歸。二年。軻之宋。又之薛。六年。軻至滕。文公問為國。旋為許行等所撓而歸。年六十餘矣。時楊朱墨翟之言盈天下。孟子乃述唐虞三代之德。而與萬章之徒。序詩書。述仲尼之意。作孟子七篇。此二十餘年。大抵里居日多。二十六年。軻十一月十五日卒。年八十有四。接曾子子思之傳。遵孔子之業而潤色之。以學顯於當世。但八儒三墨。按韓非子自孔子後。儒分為八。自墨子後。墨離為三。取舍相反不同。而皆自謂真孔墨。孔墨不可復生。將誰使定後世之學。田慎列莊之流。按史記田駢齊人。作田子二十五篇。慎到趙人。作慎子四十二篇。列御寇鄭人。作列子八篇。莊周蒙城人。作南華經。俱齊宣王時。皆好黃老之流。○蒙城今河南歸德府。爭鳴於時。各極其辯。道統又為之危而幾絕。然於其時先王經典。縱或缺佚。而古府書室。猶珍藏不少焉。秦皇馭宇。棄德任刑。雖自謂德兼三皇。功高五帝。然天良究難抹煞。明知所行。無非襲桀紂幽厲之跡。而古昔經典。如明鑒高懸。恐不克掩其非。而免天下後世之訾議也。丞相李斯逆探上意。爰獻策（秦皇三十四年將）曰。今諸生不師今而學古。以非當世。惑亂黔首。相與非法。入則心非。出則巷議。臣請史官。非秦記者燒之。非博士官所職。天下有藏詩書百家語者。皆詣守尉雜燒之。有敢偶語詩書棄市。以古非今者族。（滅族也）吏見知而不舉。與同罪。令下三十日不燒。黥墨刑也為城旦。刑也。罰以旦起築城。所不去者。醫藥卜筮種樹之書。若欲學法令。則以吏為師。制曰可。於是煬墳籍於埃塵。與儒林於坑井。按前漢書注一統志陝西西安府臨潼縣西南五里。有坑儒谷。相傳以為秦坑儒處也。秦既焚書。恐天下不從所改更法。而召諸生。至者皆拜為郎。凡七百人。適密令冬月種瓜於驪山阬谷中。溫處瓜實成。詔博士諸生說之。人人各異。則皆使往視。為伏機。諸生方相論難不決。因發機。從上填之以土。皆壓。終無聲。後人號其處曰愍儒鄉。唐立旌儒廟。先王遺籍。掃地皆盡。此經典之一厄也。按隋書牛宏傳。隋文帝開皇初。祕書監牛宏上表。臚列書災。自秦皇迄梁繹。計五厄。按讀書紀數略。孔子後。書遭五厄。六朝後。又遭五厄。

漢祖勃興，救焚拯溺，粗修禮律，未遑經學，而公卿大臣絳灌之屬，（周勃絳侯，灌嬰潁陰侯。俱高祖臣。）咸介冑武夫，又莫以為意。至孝惠帝，始除挾書律，（秦律，敢有挾書者，族。）儒者得以其業行於民間。而文帝好刑名之言，景帝不任儒士，竇太后（景帝母）又好黃老術，故諸博士具官待問，未有進也。逮武帝，飭求遺簡，博採殘編，建藏書之策，置寫書之官，屋壁山岩，往往間出，諸子傳說，皆充秘府。成帝使謁者（漢時官名，掌賓讚受事）陳農求遺書於下，詔劉向（按前漢書，向字子政，本名更生，漢高祖同父少弟楚元王四世孫，成帝時為

（光祿大夫。）讎校篇籍。向校經傳諸子。每一書已。輒條其篇目。撮其指意。錄而奏之。會向卒。哀帝使向子侍中歆。卒父業。歆於是總羣書。奏七略。一曰輯略。（按顏師古曰。輯與集同。謂諸書之總要。）二曰六藝略。（按顏師古曰六藝。六經也。）三曰諸子略。四曰詩賦略。五曰兵書略。六曰術數略。七曰方技略。集有三萬三千九十卷。漢之典文。於斯爲盛。及王莽之末。長安（西漢都長安。今陝西西安府。）兵起。宮室圖書。並從焚燼。按通鑑綱目曰。莽篡漢。改國號新。漢帝玄更始元年九月。漢兵攻莽。燒長安明堂辟雍。火及掖庭。遂殺莽。此經典之二厄也。

東漢光武中興，篤好經術，未及下車，先訪儒雅，採求闕文，補綴遺逸，四方鴻生鉅儒，負帙遠至者，不可勝數。石室蘭臺，彌以充積。又於東觀及仁壽閣集新書。校書郎班固傳毅等典掌焉。建初（章帝）中，大會諸儒於白虎觀，考詳同異，連月乃罷。孝和（孝和帝）亦數幸東觀，覽閱書林。靈帝熹平時，邕詔諸儒正定五經，刊於石碑，爲古文篆隸三體書法，以相參檢，樹之學門，使天下咸取則焉。（見後一張）初光武遷還洛陽，（東漢都洛陽，今河南河南府洛陽縣）其經牒祕書載之二千餘車。自此以後參倍於前。及董卓亂政。獻帝西遷。按通鑑綱目漢獻帝初平元年董卓強帝遷都長安。遂燒洛陽宮廟。吏民擾亂。自辟雍。東觀。蘭臺。石室。宣明。鴻都。諸藏典策文章。競共剖散。其縑帛圖書。大則連爲帷蓋。小迺制爲縢囊。縢。亦囊也。散佚幾半。及王允按後漢書允字子師太原祁縣人。漢獻帝初平時爲尚書令。收其餘贖。載之以西。西都長安。今陝西西安府。猶盈七十餘車。道路艱遠。復棄其半。尋遭長安之亂。一時燔蕩。此經典之三厄也。

魏文曹文帝丕附都河南許州代漢。采掇遺亡。藏在秘書內外三閣。分爲甲乙景丁四部。合二萬九千九百四十五卷。

盛以縹囊書用緗素晉氏（西晉司馬氏建都洛陽）承之文籍尤廣而惠懷（惠帝衷懷帝熾）之亂劉（劉淵前趙主匈奴）石（石勒後趙主羯）馮陵京、華（京都）覆滅（按通鑑綱目惠懷間寇盜蜂起惠帝永興元年匈奴劉淵自稱漢王旋改國號曰趙惠帝遷都長安洛陽府藏剽掠殆竭懷帝永嘉五年匈奴淵子聰寇洛陽入城焚掠宮府遂據洛陽石勒初從劉淵後自立趙東晉成帝咸和三年石勒破前趙兵於洛陽獲趙主劉曜以歸。）石渠閣（在未央殿北藏秘書之所）文籍靡有孑遺此經典之四厄也。東晉（晉都建康今江蘇江寧府）初漸更鳩聚其見存者但爲三千一十四卷以甲乙爲次宋武（宋武帝受晉禪都建康）入關收其圖籍五經子史纔四千卷並歸江左至文帝元嘉八

一年。[illegible]造四部目錄。凡六萬四千五百八十二卷。主昱

元徽元年。[illegible]又造目錄。凡萬五千七百四卷。南齊[illegible]部

[illegible]代宋武帝永明[illegible]中。又造書目。凡一萬八千一十

卷。而齊末兵火。延燒祕閣。書籍遺散。梁[illegible]初。文

德殿內列藏諸書。凡二萬三千一百六卷。武帝普通

[illegible]中。博采宋齊以來王公之家。凡有書記參校官簿。

更為七錄。凡三萬餘卷。及侯景渡江。破滅梁室。按通鑑綱目、梁武帝太清二年[illegible]十月。侯景渡江。圍梁都建康。三年[illegible]三月城陷。祕省所藏並從

兵火。其文德殿內書史宛然猶存。元帝繹據有江陵。

遣將破平侯景。收文德之書。及公私典籍重本七萬餘卷。悉送荊州（府屬湖北）及周（北周）師入郢。（湖北荊州）繹悉焚之於外城。（按通鑑綱目梁元帝紀承聖三年。西魏主遣國柱于謹中山公于文護伐梁。攻江陵。日晡城陷。梁主繹乃焚古今圖書十四萬卷。以寶劍擊柱折之。歎曰。文武之道。今夜盡矣。○江陵即湖北荊州府。）所收十纔一二。此經典之五厄也。

隋（始都長安後遷洛陽）文帝開皇三年。時搜訪異本。每書一卷。賞絹一匹。於是民間異書。往往間出。及平陳已後。經籍漸備。總集編次。藏於宮中祕書。凡三萬餘卷。煬帝時即位。好讀書著述。西京嘉則殿有書三十七萬卷。

帝令詮次除其重複猥雜。得正御本三萬七千餘卷。納於東都修文殿。又令寫副本。於東都觀文殿。東西廂貯之。殿前建書室十四間。窗戶牀褥廚幔咸極珍麗。每三間開方戶。垂錦幔。上有二飛僊。戶外地中施機發。帝幸書室。有宮人執香爐前行。踐機。則飛僊下。收幔而上。戶扉及廚扉皆自啟。帝出。則復閉如故。其正御書皆裝翦華淨。寶軸錦標焉。李唐唑啟祚。（都長安）文治蔚興。武德（高祖唑）初。有書八萬卷。得隋舊書八千餘卷。（按通鑑綱目。隋叛臣王世充。僭稱鄭帝。據隋都洛陽。唐高祖武德四年。唑遣秦王世民圍洛陽。）

經典六厄

世充出降，世民入城，令收隋圖籍制詔，已爲世充所毀。太府卿宋遵貴監運東都，洛陽浮舟泝河，西致京師。長安經砥柱，舟覆，盡亡其書。

此經典之六厄也。

唐太宗[illegible]偃武修文，開館招延，惇師秀艾，負素畢至，讐正五經，創立義疏，分書爲四類，曰經史子集。開元玄宗[illegible]中，其著錄之書，凡五萬三千九百一十五卷，而唐之學者自爲之書，又二萬八千四百六十九卷。祿山之禍，兩京所藏，俱爲炎埃。按通鑑綱目，唐玄宗天寶十四年。[illegible]叛臣安祿山陷東京洛陽，十五年[illegible]陷西京長安，玄宗奔蜀。官縢、私褚，縢、褚俱囊也，喪脫幾

經典七厄

盡。此經典之七厄也。

唐代宗（名豫）命拾遺（官名）苗發等，使江淮括訪，每以千錢購書一卷。時人皆利，僞作爭獻，不加論考，即並藏之。文宗（名昂）以六經未備，詔祕閣搜采，於是四庫之書復完。分藏十二庫。僖宗廣明（年號）時，黃巢爲亂（按通鑑綱目，黃巢舉進士不第，入販私鹽，黨聚起反。唐僖宗廣明元年（庚子）十一月，黃巢陷東都洛陽。十二月陷西京長安。僖宗奔蜀），存者蓋尠。昭宗（名曄）復勑斂書，詔諸道求購。及徙洛陽（按通鑑綱目，唐昭宗天祐元年（甲子），權臣朱全忠，強帝遷都洛陽，遂焚長安宮室百司。西京成墟。）又蕩然無遺矣。此經典之八厄也。

後唐都洛陽莊宗募民獻書。及三百卷。授以官衙。天成明宗中。遣官訪圖書於蜀。得九朝實錄。及雜書千餘卷。明宗長興三年二月。端明殿大學士馮道按舊五代史周書。道字可道。景城人。初仕後唐莊宗明宗晉亡仕漢漢亡仕周○景城今直隸河間府交河縣東北六十里。以諸經舛謬。與李愚田敏等校正九經鏤板印賣。流布天下。按通志略。東漢靈帝時蔡邕校書東觀。奏定六經文字而刻石於太學門外。是爲石經。漢末兵火無存。今之所謂石經者但刻之石耳。多非蔡氏之經。○按宋史周世宗顯德中。始有經籍刻板。學者無筆札之勞。按文獻通考。唐時書肆已有雕板字書小學印紙。則唐已有之。非始於馮道。但監本五經板。道爲之耳。按事物原紀。隋文帝開皇十三年。收廢像遺經。悉命雕集。說詮眞提要考儒釋道三教源流板。此又在唐前矣。蓋雕本肇自隋時。行於唐世。擴於五代。精於宋人。宋仁宗慶歷中。有布衣畢昇者。爲活字板。時有用泥刻字。火燒令堅。印時以鐵範置板上。而布字印於其中。此卽活字板法。明嘉靖時。有毘陵人。用銅鉛爲活字。毘陵卽江蘇常州府。○按小學紺珠。九經。易。書。詩。周禮。儀禮。禮記。春秋。孝經。論語。(又易。書。詩。禮。樂。春秋。論語。孝經。小學。後漢都汴州。卽河南開封府祥符縣乾祐隱帝[illegible]中。禮部請開獻書之路。凡儒學之士。衣冠舊族。有以亡書來上者。計其卷帙。賜之金帛。數多者。授以官秩。時戎虜猾夏之後。官族轉徙。書籍罕存。詔下。鮮有應者。周都汴州世宗以史館書籍尚少。銳意訪求。凡獻書悉加優賜以誘致之。而民間之書寫訛甚多。自諸國分據皆聚典籍惟吳蜀爲多而江左頗爲精真亦多修述焉五季間干戈相尋海㝢鼎沸編帙散佚幸而存者百無二三宋（都汴州）建隆（太祖年號）初有書萬二千餘卷其後削平諸國收圖籍及下詔遣使購募亡書凡得三萬四千餘卷悉送史館太宗（廟號）建崇文院六庫盡遷舊館之書以實之分經史子集四部六庫書籍正副本凡八萬卷又詔中外購募有以亡書來上及三百卷當議甄錄酬獎餘計卷數優賜不願送官者借本寫畢還之自是四方書籍往往間出真宗（廟號）時命

板，此又在唐前矣。蓋雕本肇自隋時，行於唐世，擴於五代，精於宋人。宋仁宗慶曆中，有布衣畢昇者，為活字板，時有用泥刻字，火燒令堅，印時以鐵範置板上，而布字印於其中，此即活字板法。明[illegible]時有毘陵人，用銅鉛為活字，毘陵即江蘇常州府。○按，小學紺珠，九經：易、書、詩、周禮、儀禮、禮記、春秋、孝經、論語（又易、書、詩、禮、樂、春秋、論語、孝經、小學）後漢都汴州，即河南開封府祥符縣乾祐隱帝號中，禮部請開獻書之路，凡儒學之士，衣冠舊族，有以亡書來上者，計其卷帙，賜之金帛，數多者，授以官秩。時戎虜猾夏之後，官族轉徙，書籍罕存，詔下，鮮有應者。周都汴州世宗[illegible]以史館書籍尚少，銳意訪求。凡獻書悉加優賜，以誘致之，而民間之書寫訛甚多。自諸國分據皆聚典籍惟吳蜀爲多而江左頗爲精眞亦多修述焉五季間干戈相尋海隅鼎沸編帙散佚幸而存者百無二三宋（都汴州）建隆（太祖趙）初有書萬二千餘卷其後削平諸國收圖籍及下詔遣使購募亡書凡得三萬四千餘卷悉送史館太宗（[illegible]）建崇文院六庫盡遷舊館之書以實之分經史子集四部六庫書籍正副本凡八萬卷又詔中外購募有以亡書來上及三百卷當議甄錄酬獎餘計卷數優賜不願送官者借本寫畢還之自是四方書籍往往間出眞宗（[illegible]）時命

寫四部書二本。置龍圖閣。及太清樓。大中祥符（眞宗）八
年。[illegible]王宮火延及崇文祕閣。書多煨燼。其存者遷於
左掖門外。謂之崇文外院。借太清樓本補寫。既多損
蠹。更命繕還。天聖（仁宗）三年。[illegible]成書萬七千六百卷。歸
太清樓。九年[illegible]冬。新作崇文院館閣。命翰林學士。覆
視校錄。景祐（仁宗）二年。[illegible]上經史八千四百二十五卷。
明年。上子集萬二千三百六十六卷。又詔購逸書。並
命書有謬濫不完者。定其存廢。因爲崇文總目。慶歷（仁宗）
[illegible]初。成書凡三萬六百六十六卷。令用黃紙寫印正

本。以防蠹敗。嘉祐仁宗六年。……奏黃本書六千四百九十六卷。補白本二千九百五十四卷。收獻書二百一十七部。千三百六十八卷。熙寧神宗七年。……成都進士郭有直。及其子大亨。獻書三千七百七十九卷得祕閣所無者。五百有三卷。自是中外以書來上。凡增四百四十部。六千九百三十九卷。宣和徽宗……詔訪亡逸。四方奇書。自是間出。當時之目爲部六千七百有五。爲卷。七萬三千八百七十有七焉。迨靖康欽宗之難。按通鑑綱目。宋欽宗靖康二年。……金人陷汴州京城。而祕書館閣之儲。蕩然靡。

遺此經典之九厄也。

南宋（都臨安今浙江杭州府錢塘縣）高宗（趙構）渡江。詔求遺書。定獻書賞格。自是多來獻者。淳熙（孝宗）五年。（戊戌）編總目類次。計書四萬四千四百八十六卷。嘉定（寧宗）十三年。（庚辰）書復充斥。詔續書目。又得一萬四千九百四十三卷。至紹定（理宗）四年（辛卯）九月。臨安（南宋都今浙江杭州府錢塘縣）火。延及太廟祕書省所藏經史喪失頗多。此經典之十厄也。（分見史記、漢書、晉書、隋書、唐書、宋史、文獻通考、續文獻通考、通鑑綱目）

自經書焚於秦而復出於漢。其師傳之道中絕。而簡編脫亂訛缺。學者莫得其本眞。於是諸儒章句之學興焉。見唐書藝文志序 嗣又歷世離亂。亡逸頗仍。而脫訛愈多。箋解疏義愈繁矣。歷朝祕閣所藏卷帙汗牛充棟。其間雖有史子集諸家。但經書註解。要亦多種焉。

周易

周易〇伏羲作八卦。因而重之爲六十四卦。夏曰連山言似山內出氣殷曰歸藏言萬物歸藏其中。杜子春曰。連山伏羲。歸藏黃帝。周文王作卦辭。謂之周易。周公作爻辭。孔子爲彖辭象辭繫辭文言序卦。說卦。雜卦。及秦焚書。以易爲卜筮書得存。唯失說卦三篇。後河內女子得之。按陔餘叢考易未遭秦火最爲全書。然其中闕文衍文。亦不一而足。漢文帝嘛時。易經所存。惟彖象繫辭文言。至宣帝嘛時。河上女子掘冢得全易上之。內說卦中下二篇。污壞不可復識。遂亡其二。後人以序卦雜卦足之。明是說卦已亡。而後人雜取以補之者。則說卦之原文久缺也。自是傳易者。漢志有十三家。唐七十六家。宋一百四十家。說易之家最古者。爲卜子夏易傳。其僞中生僞。至一至再。或云韓嬰作。按萬姓統譜嬰燕人。漢文帝時嘛爲博士。推易意。或云丁寬作。按前漢書寬字子襄。河南歸德府商邱縣人。漢景帝時。嘛作易說三萬言。唐末又一僞本。乃張弧唐大理寺評事。所作。按全祖望著讀易別錄曰。易自傳義章句而外。或歸之著龜家。或五行家。或天文家。或兵家。或道家。或釋家。或神仙家。以見其名雖繫於易。而實則非也。予嘗綜其概而言之。大半屬圖緯之末流。又有所謂三式之書。太乙。九宮家。遁甲。三元家。六壬家。三式之書。早見於春秋之世。而或謂始於西漢之末。亦考之未審也。三式皆主乾象。於其中又衍爲星野風角。二家。又推節氣之變。爲律曆家。律曆之分。爲日者家。合星野。風角。時日。以占兵事。則爲兵家。又以仰觀者俯察。爲形法家。其在人也。爲祿命家。爲醫家。爲相家。若占夢家。則本周官所以歸之太卜者。又無論也。更有異者。以陰陽消長之度。爲其行持進退之節。爲丹鼎家。自唐以前。援易以入占驗之門者居多。自唐以後則易半道藏所有。是亦人變局也。夫必欲以支離之小道。將擠聖人之經。是亦文周所不能禁。而究之。則於易何有哉。雖然。諸家之託於易。原其初。不過借易以自文其說。而非謂吾之說可以明易也。()文獻通考曰。連山。歸藏。至晉[illegible]隋際間始出。而連山出於劉炫之僞作。按北史。劉炫字光

僞隋劉炫僞造書百餘卷題爲連山易魯史記等錄上送官取賞而去後人有訟之經赦免死坐除名唐之歸藏亦此類耳夾漈按尙友錄鄭樵號夾漈福建興化府莆田縣人南宋高宗紹興年中授樞密院編修著通志略好奇獨尊信此二書與古三墳書且啓世人以其晚出而疑之

尙書孔子觀書周室得虞夏商周四代之典與其宏綱撮其機要上自虞下至周爲百篇編而序之按文獻通考陳振孫曰孔子定書斷自唐虞以下蓋乎唐虞無徵不信不復采取秦燔書禁學濟南郡屬山東伏生名勝故秦博士壁藏之漢定伏生求其書朽、折、散、絕亡、數十篇獨得二十八篇孝文帝聞之欲召時伏生年九十餘老不可徵乃詔太常使掌故官名鼂錯潁川人往受之伏生口以傳授裒老不能正言言不可曉使其女傳言教錯山東語多與河南異錯所不知凡十二三略以其意屬讀而已按文獻通考鼂公武曰伏勝淡肯文帝時鼂年且百歲鹹錫至裝什從學焉音授錯有訛誤先後猶有牽附重以篆隸之殊不能無失闕疑之後數子各論所聞以己意斷疑其說而頗作章句傳義劉向校中書得而上之武帝時[illegible]民間得泰誓一篇於壁間或云宣帝本始元年聯河內女子壞老子屋得古文泰誓三篇按文獻通考註孔穎達曰泰誓不與伏生所傳武帝之世始出而得行史因以入於伏生所傳之內故云伏生書二十九篇也

○按陔餘叢考、余謂係僞篇、漢儒因武帝時巫蠱遂依仿而造、托爲得自壞屋者而獻之。○按僞書金縢篇：武王有疾，周公禱告太王、王季、文王，自稱多材多藝，能事鬼神，而武王不若也，願以身代。武王瘳，史錄其祝文藏於金縢之匱。武王崩，成王幼，周公攝政，管蔡流言，成王疑公，公退避居東。成王啟金縢，書公禱告文，乃感悟迎公歸云云。袁簡齋大全。金縢辨上下二篇反覆駁斥，指爲僞書，其文曰：金縢雖今文，亦僞書也。孔子曰：不知命無以爲君子。又曰：丘之禱久矣。三代聖人夭壽不貳，武王不豫，命也，豈以旦自私。文王之鬼神而其服事殷，治民事神一也，故曰不能事人焉能事鬼。凡孫殷無才無藝，不能事鬼神文又安能君天下子萬民乎。贊周公之才之美，始於論語，造僞書者竊孔子之言，作周公自稱語，悖矣。且周公既不告廟而私禱矣，武王已瘳，已身無恙，公之心已安，公之事已畢，此私禱之祝文，焚之可也，藏之私室可也，乃納之於太廟之金縢，預爲日後邀功免罪之計，其居心尚可問乎。夫周公古之達孝也，孝父與孝

諸家說經或碎穿鑿

兄孰切當文王崩何以不禱。或曰武王得天下。主幼
國危。關係甚大。公故急而爲之耳。然則文王大動未
集。年又九十七歲。周公以爲老耶。賤耶。而當此時耶。
總之。洪求亡經過甚。致僞書雜出其手。譙周之言曰。
尚書遭秦火。多缺失。學者若金縢諸篇。悉信斷得之
矣。○按三國志蜀書譙周字允南。四川順慶府南充
州人。耽古篤學。研精六經。仕蜀漢後主時
爲光祿大夫。○袁簡齋見後二十八葉。武帝末。
魯共王按論衡書共王名餘。武帝弟。欲廣其居。壞孔子舊宅壁中
得先人所藏古文經傳。尚書按陔餘叢考書稱爲尚書者自伏生始孔安國
所謂伏生口授二十餘篇。以其上古之書。謂之尚書
是也。自有此二字。而後之解者紛紛。曰虞謂上古
史所書。故曰尚書。則以上爲君矣。鄭康成云。尚者上
也。尊而重之。若天書然。則以上爲天矣。康成又謂孔
子尊而命之曰尚書。則又以尚書爲孔子所加矣。即
此二字。議論紛紛。然亦可見漢儒說經破碎穿鑿之
集說詮眞。提要 考儒釋道三教源流 其

一斑也。及禮記論語孝經皆是科斗文字凡數十篇科斗書廢已久時人無能知者按顔師古曰家語云孔騰字子襄畏秦法藏尚書孝經論語於夫子舊堂壁中而漢記尹敏傳云孔鮒所藏二說不同未知孰是。按尚友錄孔鮒孔子九世孫漢高祖十二年幸過魯祀孔子封子襄爲奉祀君。孔鮒係騰兄秦皇併天下召爲少傅。按陳餘藏於其家。隋經籍志漢武帝時魯共王壞孔子宅得其末孫惠所藏之書字皆古文是藏書者名惠非襄也。孔安國按尚友錄孔安國字子國孔子十二世孫漢武帝時以爲諫議大夫悉得之以所聞伏生之書考論文義定其可知者爲隸古。更以竹簡寫之於行世二十九篇之外更得十六篇酒誥脫簡一。召誥脫簡二。率簡二十五字者脫亦二十

五字簡二十二字者脫亦二十二字文字異者七百
有餘脫字數十伏生之書爲今文安國之書爲古文
按閻若璩著古文尚書考曰古文尚書二十五篇併
孔安國傳出於東晉梅賾上之朝稱爲孔壁所出安
國僞傳乃按陸[illegible]古文[illegible]間有不可[illegible]論多
疑其僞矣才老曰古文皆文從字順非若伏生書之
詰曲聱牙夫四代之書作者不一乃至二人之手而
定爲二體其亦難言矣朱子曰凡書易讀者皆古文
豈有數百年壁中之物不訛損一字者伏生所傳皆
難讀如何伏生偏記其所難而易者全不能記又孔
安國古傳是魏晉間人作托安國爲名耳又曰孔傳
並序皆不類西京文字似與孔叢子同出一手吳棫
嘗曰伏生書雖難盡通然詞義古奧其爲上古之書
無疑梅賾所增二十五篇體製如出一手外不類西
漢以前之文而凡疑古文爲僞者自此二說行而後
人皆相紛紛矣然不能于古文何以皆易讀今文何

門皆讀謨誥不明古文所以易讀之故不在撰記
儒林傳及安國上序中學者初不深求之漢林傳曰
孔壁有古文尚書安國以今文讀之文變音字古科
斗書廢已久時人無能知者以所聞伏生之書考論
文義定其可知者爲隸古定以竹簡寫之增多伏生
二十五篇由此觀之是安國亦不識古文以伏生之
今文者讀之時音讀而識其字既識古文則今文所
無皆非以今文讀古文相同之字讀之帶作不識者
則以、義貫穿之故與諸書外引尚書文轉有參差
不盡識之處且所謂之二十五篇體製如出一手職
是最也蓋安國亦轉古文原底科斗字寫出井字字
皆科斗原文。而字無改換也後人不於科斗轉為隸
字之處反覆推求但謂古文即科斗原文兩而致疑
於二十五篇何以皆文從字順毋怪乎並為一談牢
不可破矣今文〈尚書〉以其出於伏生口授字有疑之
者抑思〈盤庚〉等篇所以告諭惡民使之家喻戶曉豈
轉作此艱澀不可解之語若謂當時語言本是如此
則〈左傳〉〈國語〉所引〈夏書〉〈商書〉何以又多文從字順耶

不如此今因其艱澁不可解，遂謂之古奧而深信之者，非通論矣。以九十餘歲之人，追憶少時所習，記誦豈無遺忘，一也。以齒落口吃之年，語音豈無淆訛，二也。以上音授異鄉之人，兼合侍婢傳達，字句豈無訛謬，三也。然則今文尚書亦未必字字皆孔門原本，與古文尚書正同，未可以「易讀」而致疑，難讀而深信也。

杜林按後漢書，杜林字伯山，漢光武帝時徵拜侍御史。**於西州得漆書古文尚書一卷**。按事物原始：伏羲初以木刻字，軒轅易以刀書。虞舜造筆，以漆書於竹簡。其筆以竹為之，如今木匠所用木斗竹筆。古時非無筆，但用兔毫自秦蒙恬始。春秋孔子獲麟絕筆，「說文」曰盛筆和墨是則其來久矣。上古點漆而書，中古以墨石磨汁而書，至魏晉間始有墨丸，以漆烟和松煤為之。或云墨始造於黃帝之時。一云漢田真造墨。一云邢夷作墨。史籀始墨書於帛，古無紙，以竹簡書之，所謂汗青是也。蓋以火炙簡，令汗出，取其青易書。按後漢書蔡倫字敬仲，桂陽人。漢和帝永元九年，監作秘劍及諸器械，費不堪工，欲令作為後世法。自古書契多編以竹簡。其用縑帛者謂之紙。縑貴而簡重，並不便於人。倫迺造意用樹膚、麻頭及敝布、魚網以為紙。元興元年，[illegible]奏上之，帝善其能，莫不從用焉。○史籀周宣王四太史。漢志尚書九家，唐志二十五家，宋志四十三家。

詩經○古有采詩之官。王者所以觀風俗，知得失，自考正也。詩本三千餘篇，孔子純取周詩，上采殷，下取魯，去其重，取其可施於禮義者，凡三百五篇。按文獻通考：凡詩三百十一篇。亡詩六篇。云三百五篇者。缺其所亡以見在為數。遭秦而全者，以其諷誦不獨在竹帛故也。漢志詩六家，唐志二十五家，宋志五十三家。

禮記○禮記乃孔子沒後七十子之徒所共錄。按文獻通考晁公武曰，鄭玄云，中庸子思作，月令呂不韋作，王制漢文帝時博士作，[illegible]七十子之弟子。按史記呂不韋[illegible]州人，名莊襄王相，著呂氏春秋。漢景帝前元二年，獻河間獻王子劉德得古文先秦始皇三十四年焚書之前周官尚書禮記，顏師古曰，禮記者，禮經也，記者諸儒記禮之說也。孟子老子之屬，乃集而上之。劉向見上十[illegible]五張，十校定二百五十篇。戴德按前漢書德字延君，河南歸德府商邱縣人，受禮於后倉，倉字近君，通詩禮，為博士，事夏后始昌。始昌魯人，通五經。漢武帝時得始昌甚重之。刪其煩重，合而記之，為八十五篇，謂之大戴記。按文獻通考陳直齋曰，大戴禮保傅傳，世言賈誼書所從出也。今考

集說詮真提要〕考儒釋道三教源流 完

禮察篇湯武秦定取舍一則，盡出誼疏中，反若取誼語剿入其中者。公符篇至錄漢昭帝冠辭，則此書始後人好事者采掇諸書為之，故駁雜不經，決非戴德本書也。又按古今偽書考姚際恆曰：大戴記非本書，乃後人之偽。○按前漢書賈誼劉歆時為博士而戴聖始德之文刪大戴之書。為四十九篇，謂之小戴記，則此禮記是也。志禮漢十三家。隋六十九家。宋六十四家。

周禮○周禮蓋周公所制官政之法。及周衰，諸侯僭越，惡其害己，皆滅去其籍。自孔子時已不能具。秦用商鞅法，政尚酷烈，與周官相反，故搜禁焚燒獨慘。至漢孝武開獻書之路，有李氏得之，上於河間獻王。見上

（二十九張）獨闕冬官一篇。獻王購以千金不得。遂取考工記足之。時衆儒並出。共排其非是。獨劉歆（見上十五張）典校經籍。爲之列序。著於錄略。鄭玄（見後八十三張）爲之條註。周禮一書。先儒信者半。疑者半。（宋儒胡寅曰。周官決不出於周公。又古今僞書考曰。周禮出於西漢之末。）南齊書稱襄陽（府屬湖北）有盜發古冢者。相傳云楚王冢。大獲寶物。玉屐玉屏風。竹簡書。青絲編簡。廣數分。長二尺。皮節如新。盜以把火自照。後人有得十餘簡。以示撫軍王僧虔。（按南齊書僧虔山東沂州府人。仕南齊武帝朝。叱）僧虔云。是科斗書考工記。周官所闕文也。（按葉氏過）

儀禮

庭琛曰。世既無此書。僞虔何從證之乎。此亦好奇以欺衆耳。故有同異之論。唐賈公彥唐高宗永徽中仕至太學博士。著周禮疏。而後大行於世。註家併入禮記

儀禮○儀禮與周禮。同是周公攝政六年所制。秦火後。漢初高堂生按萬姓統譜。高堂生魯人。嘗論禮學。仕爲博士。得禮十一篇。後孔壁得古文禮。五十七篇。見上二十六張共十七篇。與高堂生所傳不殊。而字多異。但漢初未有儀禮之名。張淳字忠甫著儀禮識誤云。疑後學者見十七篇中。有儀有禮。遂合而名之。唐賈公彥撰儀禮疏。而後大行於世。註家

併入

禮記

春秋○孔子既老。修春秋。九月而成。左氏左邱明魯太史。公羊公羊子齊人名高。穀梁穀梁子魯人名喜。作傳。秦火後。魯共王壞孔子教授堂以爲宮。得佚春秋三十篇。見上二十六張孔子所修之春秋。其本文世所不見。而自漢以來所編春秋古經。俱自三傳中取出經文。名之曰正經。然三傳所載經文。其中異同。不可勝數。不特名字之訛。亥豕魯魚之偶誤而已。如公羊穀梁於襄公二十一年。皆書孔子生。按春秋。惟國君世子生。則書之。其餘世卿擅國政。如季氏之徒。其生亦未嘗書之於冊。孔子萬世帝王之師。然其始生。乃鄹邑大夫之子耳。魯史未必書也。魯史所不書。而謂孔子自紀其生之年於所修之經。決無是理也。然則春秋本文。其附見於三傳者。不特乖異。未可盡信。而三子以其意增損者有之矣。朱子語錄曰。左氏之病。是以成敗論是非。而不本於義理之正。只是以世俗見識。斷當他事。皆功利之說。左氏曾見國史。攷事頗精。只是不知大義。乃是個猾頭熟事。趨炎附勢之人。孔子作春秋。當時亦須與門人講說所以公穀左氏得個源流只是漸漸訛舛當初若全無傳授如何鑿空撰得漢志春秋二十三家。唐志六十六家。宋志一百二十九家。

論語

論語○論語者。孔子應答弟子時人。及弟子相與言而接聞於夫子之語也。當時弟子。各有所記。夫子既卒。門人相與論纂之計數十百篇秦火後得之於孔壁中。（見上十六張）（古文科斗書）二十一篇齊魯二河間又得九篇。共三十篇皆名曰傳後隸寫以傳論。孔安國以教魯人扶卿。始曰論語。後失齊魯河間九篇漢時有齊魯之說。齊論多於魯論二篇。曰問王知道。詳其名當是論內聖之道外王之業。殆非孔壁中所得。度必後儒依倣而作。張禹（按前漢書張禹字子文。漢元帝時。元帝在東宮中。詔禹授太子論語。由是遷光祿大夫。）本授魯論。晚講齊論。後遂合而考之。刪其煩惑除去齊論所多二篇。而魯論所有堯曰子張問以下。分爲二篇者合之爲一。遂爲二十篇矣。（按袁簡齋大令著論語解曰。諸子百家。皆孔子之言亦多矣。雖論語吾不能無疑焉。○袁簡齋見後三十八張）前史藝文志。以論語入經類。至宋朱子熹爲之集註。乃入四書。漢志論語十二家。唐志三十家。宋志五十五家。

孟子〇趙岐 按後漢書岐字邠卿，陝西西安府人。少明經，有才藝，著有孟子章句。漢獻帝建安六年卒。闕 曰：孟子以儒術干諸侯，不用，退與公孫丑萬章之徒，難疑答問，著書七篇，二百六十一章。又有外書四篇，性善辨，文說，孝經，為正。其文不能宏深，不與內篇相似，似非孟子本真，後世依倣而作者也。秦焚經籍，以其書號諸子，故得不泯絕。按前漢書河間獻王得古文孟子見上二十九張 〇晁公武 按萬姓統譜，公武字子止。孝宗乾道初嗣稱為長史，世號昭德先生。曰：按韓愈孟子為其弟子所會集，與岐之言不同。今考其書，載孟子所見諸侯皆稱謚，夫死然後有謚，孟子所見諸侯，不應皆前死。且惠王元年（周烈王六年[illegible]）至平公之卒（周赧王十八年[illegible]），凡七十二年。孟子始見惠王，王曰之曰叟，必已老矣，決不見平公之卒也。（按聖域述聞：周烈王四年[illegible]孟子生，顯王二十三年[illegible]年二十七，適梁，赧王二十六年卒，年八十四。又按歷代年表，赧王十八年，時魯平公卒。據此，則孟子見惠王不得謂叟，唯及見平公之卒，而與公武所言符，與[illegible]聖域述聞、孟子年譜不無異義矣。）後人追爲之詞矣，則岐之言非矣。荀子載孟子三見齊王而不言，弟子問之，曰：我先攻其邪心。揚子載孟子曰：夫有意而不至者有矣，未有無意而至者也。今書皆無之，則知散佚也多矣。岐謂秦焚書得不泯絕亦非也馮休（宋時人）以孟軻書中有叛違經者。疑軻沒後門人妄有附益。（）陔餘叢考曰孟子書漢以來雜於諸子中。少有尊崇者自唐楊綰（按唐書綰字公權陝西同州府華陰縣人唐代宗大歷中拜相）始請以論語孝經孟子兼為一經。未行韓昌黎（按唐書昌黎名愈字退之河南南陽府南陽縣人仕唐憲宗朝）又推崇之其後皮日休（按尚友錄日休字襲美舉進士湖北襄陽府唐僖宗朝時人）請立孟子為學科有能通其義者其科選同明經。（）孟子書至宋始列於經朱子為之集註乃入於四書漢志孟子十一篇唐志六家宋志十四家學庸○大學曾子所作中庸子思所作漢時輯入禮記至宋朱子熹既集註論孟又取學庸爲之章句遂稱爲四書按兩般秋雨盦隨筆載葉書山庶子謂中庸一書非子思所作其說云僞託之書。罅隙有無心而竊露者。孔孟皆山東人論事俱就眼前指點。孔子曰曾謂泰山。又曰太山其頹。孟子曰挾太山以超北海。又曰登太山而小天下。就所居之地指所有之山人之情也。漢都長安。華山在焉。中庸引華山明明以長安之人指長安之山其爲漢儒僞託無疑。

孝經○孝經者孔子之所述作也或云孔子爲曾子陳孝道也遭秦焚書爲河間(今直隸河間府獻縣)人顏芝所藏漢初芝之子貞出之凡十八章而長孫氏江翁后倉(見上)

二十九張賀奉張禹見上三十二張傳之。皆名其學。又武帝末世魯共王得古文孝經與古文尚書於孔壁見上二十六張而長孫有閨門一章。其餘經文。大較相似。篇簡闕解。又有衍出三章。并前合爲二十二章。孔安國見上二十六張爲之傳。是爲古文孝經。成帝世時劉向見上十五張典校經籍。以顏本比古文。除其繁惑。以十八章爲定。又有鄭註。顏本孝經是爲今文孝經。相傳或云鄭玄見後八十三張其立義與玄所註餘書不同。故疑之。安國之本亡於梁亂見上十八張陳及周齊。唯傳鄭氏後知不足齋重刊鄭註孝經序鄭註一書。多爲後人僞雜。隋唐所行已非原本。隋劉炫（見上十四張）僞造孔傳。唐玄宗開元間中史官劉子玄辨鄭註有十謬七惑。司馬堅斥孔註多鄙俚不經。天寶間中玄宗自註。元行沖造疏授學官。五代以來。孔鄭二註皆亡。周顯德末。間新羅（按唐書東夷傳新羅東夷國。東南日本西百濟南瀕海北高麗。）獻別序孝經。鄭註者。或云宋眞宗咸平間中。日本僧奝然（奝音刁）所獻。未知孰是（鄭不足信。最近桑刻古文孔傳孝經。與鄭註孝經均係乾嘉間賈舶自日本購得。）眞宗咸平中令祭酒邢昺取行沖疏。刪定正義行世。（按宋儒胡寅曰。孝經非曾子所爲。蓋其門人纂所聞而成之。故整比章指。又未免有淺近者。不可以經名也。○按姚際恒古今僞書考曰：漢志云：孝經閒爲傳之。案是書來歷出於漢儒。不惟非孔子作。併非周秦之言也。其三才章。夫孝天之經。至因地之義。襲左傳子太叔述子產之言。惟易禮字爲孝字。聖治章。以順則逆。至凶德。襲左傳季文子之言。君子則不然以下。襲左傳北宮文子論儀之言。事君章。進思盡忠二語。襲左傳士貞子諫晉景公之言。左傳自張禹所傳後始漸行於世。則孝經者蓋其時人之所爲也。勘其文義。絕類戴記中諸篇。如曾子問、哀公問、仲尼燕居、孔子閒居之類。同爲漢儒之作。後儒以其言孝。特爲撮出。因名以孝經耳。案諸經古不係以經字。惟曰易、曰詩、曰書。其經字乃俗所加也。此名孝經。自可如古者去經字。又非如易、詩、書之可以一字名者。首章云仲尼居。便非孔子自作矣。朱仲晦亦嘗疑之。有作孝經刊誤。然疑信相參。妄以意分經傳。皆附會者。合其不能牽合者。則曰此不解經。別發一義。可笑也。陳振孫稱衡山胡侍郎疑孝經引詩非經本文。玉山汪端明亦以此書多出後人附會。是胡朱說詳眞提要。■考儒釋道三教源流　三六也汪也制也尚當辨之若此矣非自予始也漢志孝經八家唐志二十七家宋志二十一家。

爾雅〇宋邢昺疏爾雅曰釋詁一篇蓋周公所作。釋言以下。或言仲尼所增或言子夏所足。或言叔孫通按史記叔孫通秦二世時徵爲博士。後從漢高祖拜爲博士作漢禮儀。遷太子太傅。所益或言沛郡梁文所補然姚際恆字首源著古今僞書考曰。爾雅一書漢志附於孝經後。隋志附於論語後皆不著撰人名。唐陸德明釋文謂釋詁爲周公作。蓋本於魏張揖所上廣雅表言周公制禮。以道天下。著爾雅一篇以釋其義。此說誣妄。鄭漁仲云。爾雅當在離騷後。按史記楚懷王時左徒屈原作離騷秦焚止離騷後百年。不係于支。此係于支。殆是漢初人采此書釋經者也。後世列之為經。亦非是。分見漢書藝文志北史隋書唐書文獻通考續文獻通考考三古時。按漢書藝文志註孟康曰。伏羲為上古。文王為中古。孔子為下古。書籍無鏤板印紙。祇有刀書漆書竹簡。見上二十及二十八張既無印板。則鈔錄甚勞。收藏必笨。祇有竹簡。則塊質甚巨。度藏難隱。自經秦火。一炬蕩然無存。誠無足怪僻存遺漫剝落之斷簡讀之者欲領略其中本義不亦難哉儒家探賾研幾參會意旨著箋釋以發明之裨益後世不致暗中摸索是註釋諸家有功於經書固非淺鮮但自兩漢迄於唐宋每經箋註疏義不下數十百家其間意見相同者雖不乏人而紛紛聚訟互相排斥者亦復不少孔穎達（按尚友錄穎達孔子三十二代孫隋末舉明經高第仕唐累官國子監司業遷祭酒。）序禮記曰大小二戴共氏而分門（戴德戴聖俱刪定禮經見上二十九張）王鄭兩家同經而異註（按萬姓統譜王肅仕曹魏明帝景初朝[illegible]著有諸經傳註。）

鄭曉成見後八十三張是傳註諸家。既異同不一。其非盡合本義明甚。其有違背正旨又明甚。宋史道學傳序曰三代五帝之道孔子沒曾子獨得其傳傳之子思以及孟子孟子沒而無傳。兩漢以下儒者之論大道察焉而弗精。語焉而弗詳見宋史朱子熹見後四十張一。曰先儒謂聖經不亡於秦火而壞於漢儒見朱子語錄鄭夾漈南宋高宗紹興時人見上十四張曰後世不明經者皆歸之秦火使學者不覩全書未免乎疑以傳疑然則易固爲卜筮見上十二張何嘗見後世有明易之人哉。臣向謂秦人焚書而書存，諸儒窮經而經絕，蓋為此發也。自漢以來書籍至於今日，百不存一。非秦人亡之也，學者自亡之。是甚言傳註之有舛訛也。馬端臨（按、馬端臨字貴與，江西饒州樂平縣人。潛心學問，博極羣書，以父蔭補承事郎。宋亡，隱居授業，著文獻通考。）論春秋曰：後世諸儒據其見於三子（左氏、公羊、穀梁）之書者，互有所左右而發明之，而以為得孔子筆削之意於千載之上。吾未之能信也（見文獻通考）。袁簡齋大令（名枚，字子才，浙江杭州府錢塘縣人。名重乾嘉間，著有隨園三十種。）曰：孟子守先王之道，以待後之學者。倘且周室班爵祿之制其詳不可得聞。又曰盡信書不如無書況後人哉。善乎楊用修之詩曰。三代後無眞理學六經中有僞文章（見隨園詩話）據此。則古經先典殘缺既多。師傳又亡。其各家註釋異說紛紛。要不可即據爲經典本義。而無庸異議者也。

右述三教源流。及道統相傳。謬學攻擊經典遭災訓詁異說也

古帝王明訓盡章載於經典者。究屬有幾。秦災以後無從考悉然即其殘籍之存於今者而考之。如

所稱曰天曰上帝。釋以造化之上主。按（易經註疏）曰上主者生物之主。（禮緯）曰。上主者造化之主宰。（正義）曰。上主者。生物之宗。（周禮）曰。上主者。生成之宰。則載道之文。猶非絕無而僅有也。

造化上主。惟一無二。（禮記）天無二日。民無二王。嘗祀郊社。尊無二上。天無二日。上無二王。家無二主。尊無二上。凡在天下九州之民。無不咸獻其力。以共皇天上帝。上主造化天地萬物。（禮）萬物本乎天。（詩）天生蒸民。天作高山。（書）維皇上帝。降衷於下民。上主極大極明。無所不知。無所不在。（詩）蕩蕩上帝。浩浩昊天。明明上天。照臨下土。無曰高高在上。日監在茲。皇矣上帝。臨下有赫。監觀四方。明明在上。赫赫在下。（書）惟天聰明。（論）知我者。其天乎。

上主無形。而有視聽。（詩）上天之載。無聲無臭。（書）天視自吾民視。天聽自吾民聽。聞於上帝、谷聞於天。**上主為萬民之主。**（詩）蕩蕩上帝、下民之辟。有命自天。（禮）惟天子受命於天。（書）天佑下民、作之君、作之師。**上主生人、有形有靈。形為小體、靈為大體。**（詩）天生蒸民、有物有則。（孟）耳目之官、不思而蔽於物、物交物、則引之而已矣。心之官則思、思則得之、不思則不得也。此天之所與我者。（詩）上帝臨汝、無貳爾心。**上主初生人、賦以元良之性。人乃自染於欲。**（書）惟皇上帝、降衷於下民、若有恆性。（孟）詩曰、天生蒸民、有物有則。民之秉彝、好是懿德。孟子道性善。仁、人之安宅也。孔子曰、道二、仁與不仁而已矣。欲知舜與蹠之分、無他、利與善之間也。（論）君子上達、小人下達。為富不仁矣、為仁不富矣。（學）大學之道、在明明德。**上主賞罰至公。**（書）惟上帝不常、作善降之百祥、作不善降之百殃。商罪貫盈、天命誅之、予弗順天、厥罪惟鈞。惟天降災祥在德。天討有罪。惟天無親、克敬惟親。非天私我有商、惟天佑於一德。**上主**

降罰人所自取詩下民之殃匪降自天亂非降自天今日罹人其故天降喪於殷罔愛於
殷惟逸天非虐惟民自速辜孟禍福無不自己求之者惟聖德克敬饗而樂上
主之心其香始升上帝居歆禮記聖人為能饗帝謂惡人悛改亦可敬饗
上主孟雖有惡人齋戒沐浴則可以祀上帝生死富貴成敗皆上主主
之論天之未喪斯文也匡人其如予何死生有命富貴在天孟莫之爲而爲者天也莫之致而致者命
也若夫成功則天也是則當敬者惟上主書祗承上帝嚴恭寅畏天命自度詩我其
夙夜畏天之威易順天休命孟存其心養其性所以事天也當所行者亦惟上主書以
哀籲天[illegible]天于乃以人日就殺於上帝中庸郊社之禮所以事上帝也當守者三綱五常
當行者仁義禮智視聽言動俱當中禮己所不欲勿

施於人。誠意正心修身。盡人當務。庶幾家齊國治。而天下自平矣（詳見經書精義古今敬天鑒天學本義）

右述經典所存古儒之大旨也

徐整三五歷紀云。未有天地之時。混沌如鷄子。溟涬始牙。鴻濛滋萌。盤古生其中。萬八千歲。天地開闢陽清爲天。陰濁爲地。盤古在其中。一日九變。神於天。聖於地。天日高一丈。地日厚一丈。盤古日長一丈。如此萬八千歲。（一）宋中葉周子敦頤（字茂叔號濂溪湖南永州府道州人仕於英宗朝。）則創太極圖說。程子顥頤（顥字伯淳號明道頤字正叔號伊川河南開封

府人。俱仕宋神宗朝。嗣、張子載字子厚號橫渠。陝西鳳翔府郿縣人、仕宋神宗朝。師承
其說而擴充之道。宋南渡。朱子熹字元晦一字仲晦號晦庵。安徽徽州
府婺源人。仕宋高宗紹興朝。肆流寓福建建寧府崇安縣。又潤色而表章之。自後
儒家視爲傳心之祕典不師而宗之。約其旨則曰無
極而太極。太極爲陰陽之原。陰陽爲五行之本。陽爲
善。陰爲惡。形生於陰。神生於陽。理生氣。氣載理。氣化
成形。而人物生生。變化無窮。萬物統體。一太極也。太
極是天地萬物之理。在天地言。則天地中有太極。在
萬物言。則萬物中各有太極。四時五行。俱從太極中

來。太極只是一箇氣。氣內動者是陽。靜者是陰。又分爲五氣。又散爲萬物。天地間有氣。有道有形。總是氣無形。只是道。天地者。太虛之氣。故以虛爲德。渾然至善者。虛也。虛者。天地之祖。天地從虛中來。耳以形體言。謂之天。以主宰言。謂之帝。以化育之妙言之。謂之神。以福善禍殃之功用言之。謂之鬼神。以性情言之。謂之乾。其實則一而已。天地之間。有理有氣。理也者。形而上之道也。生物之本也。氣也者。形而下之器也。生物之具也。是以物之生。必稟此理。然後有性。必稟

此氣。然後有形。天地之生。不外理與氣也。分見宋史性理彙解性理標注朱子全書

右述宋儒創說新旨也。

釋教原始

釋教始於天竺。創之者釋迦文佛也。佛係天竺之迦維衛國。淨飯王之太子。生於姬周世。年十九。出家學道。乞食說法。收有弟子。剃落鬚髮。辭家和居。行乞自資。謂之沙門。佛死後。其徒迦葉阿難等。繼行其法。綴著佛經。其教行於天竺。中國未之聞也。

中國始聞釋教

漢武元狩年中。遣將軍霍去病討匈奴。至皐蘭過居

延。斬首大獲。昆邪王殺休屠王。將其衆五萬來降。獲其金人。帝以爲大神。列於甘泉宮。金人率丈餘。及遣張騫使西域。還。述聞天竺國有浮屠教。哀帝時。博士弟子秦景。受大月氏王使伊存口授浮屠經。此中國聞佛教。及有經像之始。

漢明帝夢佛

東漢孝明帝永平五年。帝夜夢金人飛行殿內。訪問於朝。而傅毅以佛對。帝遣郎中蔡愔及秦景使天竺求之。得佛經四十二章。及釋迦立像。并與沙門攝摩騰竺法蘭東還洛陽。明帝建寺於洛城雍關西以處

中國始傳釋教

楚王英首好佛

漢桓帝好佛

漢獻帝時奉佛始盛

曹魏時始有華僧

吳主權好佛皓惡佛

之。法蘭等譯經授法、中國傳佛教、自此始。明帝弟楚王英、獨先信奉。後以反誅。其敎卽晦。見集說詮眞五十一張桓帝復好之。立浮屠祠於宮中。由是西域沙門。齎經踵集。獻帝時。廣陵江蘇揚州府太守笮融。大起浮屠寺。作黃金塗像。衣以錦綵。課人讀佛經。招致鄰郡好佛者五千餘戶。

三國魏主丕黃初中。中國人始皈依佛戒。剃髮爲僧。吳主孫權亦崇佛法。乃其孫皓惡之。詔毀佛宇。

晉帝好佛

王雅諫

僧佛圖澄來

後趙主石勒好佛

晉武受禪。太始[illegible]中。沙門竺法護至洛邑。翻譯佛經部數甚多。成帝[illegible]簡文[illegible]俱好佛。而孝武[illegible]尤甚。建精舍於殿內。引諸沙門居之。左丞王雅諫不從。恭帝[illegible]鑄浮屠金像。身長丈六。親迎於寺。步隨十許里。太原王恭調役百姓。修營佛寺。士庶嗟怨。後以反誅。臨刑猶誦佛經。晉世洛中佛寺有四十二所。佛教東流自此漸盛。

南北朝時。華夏紛擾。天竺沙門佛圖澄至襄國。直隸順德府刑臺縣西南。後趙主石勒[illegible]甚重之。號爲大和尚。常山沙

前秦主苻堅好佛
僧鳩摩羅什來
劉宋好佛

門衛道安事澄爲師。并遣弟子分往各方。廣傳佛法。石虎建武元年。〣〣〥始聽民爲僧。敬奉佛圖澄尤謹。衣以綾錦。乘以雕輦。國人爭造寺廟。削髮出家。或避賦役。或爲姦宄。著作郎王度等奏曰。漢魏惟聽西邑人立寺。都邑漢人皆不得出家。今宜禁。公卿以下。毋得詣寺燒香禮拜。其趙人爲沙門者。皆返初服。虎詔曰。百姓樂事佛者。特聽之。前秦主苻堅〣〨〢遣使求天竺僧鳩摩羅什。至。讐校佛經。於是法旨大著中原。

劉宋文帝[illegible]時。佛像塔寺。不下千數。丹陽尹蕭摹奏

元魏道武帝好佛

元魏明元帝好佛

元魏太武帝毀佛宇

請詔令停造佛像寺宇。寺僧慧林與議朝廷國是。勢傾一時。車馬盈門。賄賂相接。號黑衣宰相。

元魏建國玄朔。浮屠之教。未之或聞。或聞而未信。逮與晉通聘。乃考南夏佛法。道武帝（北魏）徵沙門法果赴京。（山西大同府懷仁縣）果盡禮致拜。謂人曰。今上即是當今如來。我非拜天子。乃禮佛耳。道武甚重之。明元帝（北魏）亦好佛。令京邑建立圖像。沙門教導民俗。及太武帝（北魏）即位。西征長安。寺中搜得釀酒具。及州郡牧守所寄財物。蓋以萬計。又有窟室。與貴家女私行淫亂。帝詔

元魏文成帝復修佛宇

有司。寺僧盡坑殺之。焚毀佛像。其時恭宗爲太子監國。素崇奉佛。遲遲宣詔。遠近皆豫聞之。得以各自爲計。沙門亡匿。獲免甚多。惟土木宮塔。莫不畢毀。文成帝即時。又使修復。僧徒漸集。孝明帝以後。天下多故。

元魏孝明帝時僧尼佛宇甚多

役民尤甚。於是所在編氓。相與入道。假慕沙門。實避徭役。其時僧尼計有二百萬。而寺宇三萬有奇。

南齊武帝好佛

齊世受宋禪。佛法繼之。武帝世御膳不宰牲牢。敕沙門法獻玄暢爲天下僧主。會明帝即詔僧瑾爲天下僧正。

梁武帝崇佛

陳武帝好佛

北周武帝毀佛宇

梁武帝代齊。大崇佛法。受戒捨身。長齋蔬食。釋御服。被法衣。自爲佛弟子。升法座。講涅槃經。臣民從風而靡。或刺血灑地。或刺血書經。沙門鐵鈎掛體。用燃千燈。一日一夜。端坐不動。崇奉浮屠。自昔以來。從未有甚於此者。

陳武帝禪梁。繼行捨身受戒。設無遮大會。親出闕前禮拜。文帝亦設無碍大會。捨身於太極前殿。宣帝亦繼之。後主禎明元年。帝自貶於佛爲奴。

北周武帝亦定三教先後。以儒爲先。道爲次。釋爲後。

隋文帝好佛
隋煬帝狎佛
唐傅奕諫

建德三年。禁佛道二教。經像悉毀。沙門道士並還俗。諸淫祀非祀典所載者。盡除之。

隋文繼禪。詔境內之民。任聽出家。幷令計口出錢營造經像。時佛書多於六經數十百倍。煬帝巡幸江都（江蘇揚州府）僧尼道士。俱令隨駕。苑中設供。僧尼道士女冠。合爲一席。

唐祖代隋。令定儒釋優劣。編入朝典。太史令傅奕上疏。請除佛法。其略曰。佛在西域。言妖路遠。漢譯胡書。恣其假托。使不忠不孝。削髮而揖君親。遊手好食。

唐高祖沙汰僧道

唐太宗禁度僧尼

傅奕破僧妖術

傅奕破僧騙術

易服以逃役賦。偽起三塗。謬張六道。遂使愚迷。妄求功德。不憚科禁。輕犯憲章。帝如奕言。下詔有司。淘汰天下僧尼道士。太宗貞觀[illegible]初。詔赦私度僧尼者處死。十三年。[illegible]有僧自西域來。能咒人使立死。復咒即生。上試之驗。以告傅奕。奕曰。皆邪術也。臣聞邪不干正。請使咒臣。必不能行。上命僧咒奕。奕無所覺。須臾僧忽僵仆。遂不復甦。有婆羅門僧言得佛齒。所擊輒碎。長安士女。輻輳如市。奕謂其子曰。吾聞有金剛石。性極堅。物莫能傷。惟羚羊角能破。汝往試焉。其子如

奸人假佛謀反

狄仁傑毀淫祀

武后奸佛

言。山之。應手而碎。觀者乃止。高宗弘道元年。（[illegible]）綏州（今陝西綏德州）步落稽山銅佛地中。久之。草生其上。給鄉人曰。吾於此數見佛光。集衆掘地。果得之。因曰得見聖佛者。百病皆愈。遠近赴之。遂謀作亂。討平之。時狄仁傑巡撫江南。奏毀吳楚淫祀凡一千七百所。武后時臨朝。僧懷義得幸。出入乘御馬。賜爵梁國公。廣集無賴少年。度為僧。縱橫犯法。人莫敢言。和州（今安徽和縣）僧法明。上言太后乃彌勒佛下生。當代唐為閻浮提主。由是武后大營佛舍。時李嶠劉承慶狄仁傑等。上疏諫

狄仁傑諫

阻。仁傑曰。梁武簡文。捨施無限。三淮沸浪。五嶺騰烟。列刹盈衢。無救危亡之禍。緇衣蔽路。豈有勤王之師。比來水旱不節。邊境未寧。若費官財。又盡民力。一隅有難。何以救之。太后曰。公教朕爲善。何得相違。遂止其役。

唐中宗好佛

中宗時。詔天下諸州各置寺觀一所。由是僧尼廣度。施與不絕。宋務光上書諫不聽。

辛替否諫

左拾遺辛替否諫曰。[illegible]日風塵再擾。霜雹薦臻。沙磧不可操干戈。寺塔不足攘饑饉。臣竊惜之。

呂源奏諫

清源（縣屬山西太原府）尉呂源奏。又上疏曰。邊境未寧。轉輪疲敝。而營建佛寺。勞費無

韋嗣立諫

唐玄宗朝貴族富戶好佛

姚崇諫

極。昔堯舜禹湯文武。惟以儉約仁義。立德垂名。晉宋以降。塔廟競起。而喪亂相繼。由其好尚失所。民不堪命故也。伏願回營造之資。供疆埸之費。使烽燧永息。群生富庶。則如來慈悲平等之心。孰過於此。韋嗣立又上疏。以爲比造寺極多。所費萬千。人力勞疲。怨嗟盈路。萬一水旱爲災。戎狄構患。雖龍象如雲。將何救哉。帝仍不聽。玄宗開元二年。時貴戚爭相營寺度僧。富戶强丁。削髮避役。姚崇上言。佛圖澄不能存趙。鳩摩羅什不能存秦。齊襄（見集說詮眞五十五張）梁武。未免禍殃。

唐肅宗好佛

張鎬諫

唐憲宗迎佛骨

何用妄度姦人。使壞正法。上從之。沙汰萬二千餘人。禁創寺鑄佛。百官之家。無與僧尼往還。遂制僧尼令祠部給牒。肅宗[illegible]置道場於內殿。以宮人爲佛菩薩。武士爲金剛神。召大臣膜拜。時張鎬諫曰。帝王當修德以弭亂。未聞飯僧可致太平也。上不納。憲宗元和十四年。[illegible]佛骨至京師。先是功德使（大和尚職名）上言。鳳翔法門寺塔。有佛指骨。三十年一開。開則歲豐人安。來年應開。請迎之。上從其言。至是。佛骨至京師。留禁中三日。歷送諸寺。王公士民。瞻奉捨施。惟恐弗及。刑

韓愈諫迎佛骨

唐文宗見蛤蜊內有觀音像

僧尼佛寺甚多

唐武宗毀佛寺裁僧尼

部侍郎韓愈上表切諫。上得表。大怒。貶爲潮州刺史。文宗太和二年。(828)帝食蛤蜊。中有菩薩像。部御觀詔天下寺。並立觀音像奉祀。開成四年。(839)勅祠部檢括天下僧尼寺。凡四萬四千六百所。僧尼七十六萬五千餘人。武宗會昌五年。(845)上惡僧尼耗蠹天下。勅上都東都各留二寺。每寺留僧三十人。天下節鎮各留一寺。寺分三等。留僧有差。餘僧及尼。并勒歸俗。財貨田產。並沒入官。寺材以葺公廨驛舍。銅像磬鐘以鑄錢。凡天下所毀寺。四千六百餘區。歸俗僧尼二十六萬

唐宣宗好佛

孫樵諫

唐懿宗好佛

五百人。收良田數千萬頃。奴婢十五萬人。宣宗大中元年。君臣務反會昌（唐武）之禁。故僧尼之弊。皆復其舊。進士孫樵上言。百姓男耕女織。不自溫飽。而羣僧安坐華屋。美食精饌。率以十戶不能養一僧。武宗憤其然。去十七萬僧。是天下百七十萬戶。始得甦息也。陛下即位以來。修復廢寺。度僧幾復其舊。縱不能如武宗除積弊。奈何興之於已廢乎。願降明詔罷之。庶幾百姓。猶得息肩也。上從之。復禁私度僧尼。懿宗奉佛甚敬。禁中設講席。自唱經。手錄梵語。數幸佛

蕭倣諫

李蔚諫

唐懿宗迎佛骨羣臣諫

後唐莊宗好佛

寺。施予無度。吏部侍郎蕭倣上疏曰。玄祖(老子)之道。慈儉爲先。素王(孔子)之風。仁義爲首。垂範百代。必不可加。佛之爲道。殊異於此。非帝王所宜慕也。上不從。嘗飯僧萬人。自爲贊唄。李蔚上疏切諫。亦不從。遣使迎佛骨至京師。羣臣諫者甚衆。至有言憲宗迎佛骨尋晏駕者。上曰。朕生得見之。死亦何恨。及至京師。上降樓膜拜。流涕沾臆。迎入禁中。

後唐莊宗(卌)佞佛。胡僧來。輒拜迎之。同光三年。(卌)五臺僧誠惠自言能降伏天龍。命風召雨。唐主親率后妃拜之。誠惠安坐不起。羣臣莫敢不拜。惟郭崇韜不拜。會大旱。迎至洛陽使祈雨。數日不雨。或謂誠惠曰。官以師祈雨無驗。將焚之。乃逃去。慙懼而死。

後周世宗毀佛寺

後周世宗顯德二年。敕天下寺院非敕額者悉廢之。當廢寺院三萬餘所。存者二千六百九十四。禁私度僧尼。並禁僧俗捨身。斷手足煉指。掛燈帶鉗之類。幻惑流俗者。是年括民間佛像鑄錢。五十日內輸官受直。過期匿五斤以上罪死。不及者論刑有差。謂侍臣曰。佛以善道化人。苟志於善。則為佛矣。彼銅像豈

南唐主李煜好佛

爲佛耶。且佛志在利人。雖頭目猶捨以布施。若朕身可以濟民。亦非所惜也。

南唐後主李煜紀按五代史李煜。南唐主景子也。景卒。煜嗣立金陵。性驕侈。好聲色。又喜浮圖。內史舍人潘佑上書極諫。煜收下獄。佑自縊死。宋太祖開寶七年。遣使召煜赴闕。煜稱疾不行。八年。宋師克金陵。煜俘至京師。太祖赦之。封違命侯。酷信佛氏。禁中崇建寺宇。延集僧尼。與周后頂僧伽帽。披袈裟。課誦佛經。跪拜頓顙。至成贅瘤。親側僧徒廁簡。試之以頰。少有芒刺。則再加修治。募道士願爲僧者。予二金。僧人犯姦。則曰彼本欲婚姻。若論如法。是從其欲也。但令禮佛

趙宋重老
釋佛

拜百。釋之。斷死罪。則對佛像燃燈。以達旦為驗。謂之命燈。若燈滅。則依法。不滅。則貸法。由是富人。賂左右竊續其燈。而免死者甚衆。逮宋師圍金陵。後主召僧小長老問禍福。對曰。臣當以佛力禦之。乃登城大呼。後主又令僧俗念救苦菩薩。滿城沸湧。未幾四面矢石俱下。復召小長老麾之。稱疾不起。始疑其誕。殺之。

趙宋[illegible]繼統。太祖詔揚州城下戰地造寺。成都造佛經藏。禁民為佛像浮屠。徽宗宣和元年。[illegible]從林靈素言。詔稱佛號大覺金仙。僧稱德士。尼為女德。二年[illegible]

復稱德士爲僧。高宗紹興十三年。始停給僧牒。曰不放牒。僧可漸消。而吾道盛矣。

元朝崇佛

元世代之崇信釋教。迥過前朝。時僧有封爲國師帝師者。帝師之命。與詔敕並行。朝廷所以敬禮而尊信之者。無所不用其至。雖帝后妃主。皆因受戒而爲之膜拜。正衙朝會。百官班列。而帝師亦或專席於坐隅。迎迓帝師。車騎累百。法駕半仗。以爲前導。印用雙龍盤紐白玉。諸僧佩有金字圓符。怙勢恣睢。人莫誰何。

道士爲僧

世祖時。令僧道二家同詣上所辯析。二家自約道

愛薛諫

元成宗好佛

李元禮諫

答剌罕諫

元武宗好佛

勝。則僧冠而爲道。僧勝。則道削髮而爲僧。旣而僧家勝。上遣近臣脫懽將道者樊志應等十有七人。詣龍光寺。削髮爲僧。天下佛寺爲道流所據者二百三十七區。悉命歸之。時又採訪高僧。詔都城大作佛事。愛薛奏請停此無益之事。帝甚嘉之。成宗篤復興佛事。勞民傷財。監察御史李元禮切諫。不從。惟左丞相答剌罕言僧人修佛事畢。必釋重囚。有殺人及妻妾殺夫者。皆指名釋之。生者苟免。死者負寃。於福何有。帝嘉納之。武宗至大元年。上都開元寺西僧強市民

僧徒强横

薪。民訴諸留守李璧。璧方詢問其由。僧率其黨。持白梃突入公府。隔案引璧髮捽諸地。捶撲交下。拽之以歸。閉諸空室。久乃得脫。奔訴於朝。又遇赦而免。二年。復有僧龔柯等十八人。與諸王合兒八剌忽禿赤的斤爭道。梃妃墮車毆之。且有犯上等語。事聞。詔釋不問。惟宣政院臣方奏取旨。凡民毆西僧者。截其手。詈之者。斷其舌。時仁宗居東宮。聞之。亟奏寢其令。泰定

元泰定帝好佛

張珪諫

帝。尤命僧誦經於殿。自行受戒於帝師。興造佛寺。金寶蓋飾。平章事張珪言。自古聖君。惟誠於治政。可以

李昌諫

元順帝好佛

動天地。感鬼神。初未嘗邀福於僧道。以厲民病國也。僧徒貪慕貨利。凡所供物。悉爲已有。生民脂膏。縱其所欲。取以自利。畜養妻子。彼既行不修潔。適足褻慢天神。何以要福。比年佛事愈煩。累朝享年不永。致災愈速。事無應驗。斷可知矣。臣等議其創造醮祠等事。宜悉罷之。帝不從。又西臺御史李昌言西番僧佩金字圓符。絡繹道路。假館民舍。迫逐男子。奸汚婦女。驛戶無所控訴。臺察莫敢誰何。請令憲臺。得以糾察。不報。順帝[illegible]時。詔西番僧爲大元國師。其徒皆選良家

明成祖定僧徒數

女。或四人。或三人。承奉之謂之供養。於是帝作天魔舞。甚至男女裸處。君臣宣淫。而羣僧出入禁中。醜聲外播。雖市井之人。亦惡聞之。元崇釋教。醮祠之費。日益增廣。每歲必釋罪囚。以爲福利。受贓濁官者。每以帝師之言縱之。其餘殺人之盜。作奸之徒。貲緣幸免者甚多。按陔餘叢考曰元尚釋教。寺僧貪縱。其財產之富。雖諸王國戚不及也。其威勢之橫。雖强藩悍相不過也。朝廷之政。爲其所撓。天下之財。爲其所耗。說者謂元之天下。半亡於僧。可爲炯鑒云。

明成祖[illegible]封西僧詔哈立麻領天下釋教事。定天下僧道。府不過四十人。州不過三十人。縣不過二十人。

明宣宗輕佛

宣宗嘗謂侍臣曰。人情莫不欲壽。若商中宗高宗祖甲周文王皆享國綿遠。其時豈有神仙之說。秦皇漢武求神仙。梁武帝宋徽宗崇釋道。無一驗者。世人迷而不悟。朕竊嘆之。

明世宗毀佛寺

世宗[illegible]毀禁中佛殿。金範佛像千百計。皆毀之。懸度佛骨佛牙屏除殆盡。分見漢書隋書唐書魏書宋史元史明史續文獻通考

右敘釋教由來。及其流傳中夏。歷朝好惡。名臣諫諍也。

考釋教之宗旨。則曰空無寂滅。問其究竟。則曰因果

成佛。核其論說。則曰天地之外。四維上下。更有天地。無終無極。然皆有成有敗。一成一敗。謂之一劫。自此天地以前。已有無量劫矣。每劫必有諸佛得道。出世教化。其數不同。今此劫中。當有千佛。自始以來。釋迦爲第七佛。其次當有彌勒出世。每佛遺法相傳。年歲遠近。各自不同。總至其末。衆生愚鈍。無復有佛教。而業行轉惡。年壽漸促。經數百千載。乃至朝生夕死。然後大水大火大風之災。除去衆物。而更立生人。又歸淳樸。謂之小劫。每一小劫。則一佛出世。人雖有生死之異。至於精神。則恆不滅。此身之前。已經無量身矣。在生修習為善。心主慈悲。吃齋茹素。不盜不淫。不殺生。不妄言。不飲酒。死後即往西方淨土成佛。在生作惡。陷入地獄。其獄有一百三十八處。按人所犯。挨次受刑。再復投胎。或即為人。或為畜類。或為溼化昆蟲。罰盡再投為人。緇僧有威神之力。能代之誦經超度。冥鏹紙房。可濟死鬼之需。齋醮捨施。可飽餓鬼之腹。念阿彌。可免刀兵之患。行叅禪。可避水火之災。飯僧飾佛。尤可邀無量福報。（分見禪門緇門勸發盂蘭盆經法苑珠林比丘尼傳）

右述釋教大旨。與其禪修佛事也。

道教之原。恆謂出於老子。然老子著道德五千言。初未嘗以之設教。老子道德經中。並無鍊丹服食。符籙禳妖等說。按通鑑綱目元世祖至元十八年。以樞密副使張易參校道書。奏惟道德經爲老子所著。餘皆後人僞撰。詔悉焚之。卽百姓崇奉老子。亦惟自漢桓帝延熹九年。親祀老子始。周季秦漢以來。但有方士爲神仙之說。無所謂道家者。以老聃爲道教之祖。張陵道陵爲大宗。見集說詮眞百八十二張則始於北魏太武帝時寇謙之。見集說詮眞百九十張至唐時乃盛行。至信州江西廣興府龍虎山張氏。道陵後世襲封號。則又自宋始。宋眞宗大中祥符九年。事見集說詮眞百九十一張。初方士羽流。借老氏以自重。而猶以爲不古。乃稱黃帝服丹已。乘龍飛昇。按荊山經龍首記。黃帝服神丹已。龍來迎之。去。羣臣追慕。靡所構思。或取其几杖而廟祭之。或取其衣冠而葬守之。按史記漢武帝雖好神仙。方士公孫卿上言曰。古仙人申公云。黃帝常與神會。百餘歲得與神通。宋首山銅。鑄鼎於荊山下。鼎既成。有龍垂胡髯。下迎黃帝。黃帝上騎。羣臣後宮從上者。七十餘人。龍乃上去。餘小臣不得上。乃悉持龍髯。龍髯拔墮。墮黃帝之弓。百姓仰望黃帝既上天。乃抱其弓與胡髯號。故後世因名其處曰鼎湖。其弓曰烏號。於是武帝曰。嗟乎。吾誠得如黃帝。吾視去妻子如脫躧耳。乃拜公孫卿爲郎。按一統志首山在河南許州襄城縣南五里。黃帝嘗遊處。或卽首陽山在山西蒲州府永濟縣東南三十里。荊山在河南陝州閿鄉縣南三十五里。黃帝鑄鼎於此。周穆王上崑

周穆王登崙觴於瑤池

按穆天子傳，周穆王十七年乙亥。西征崑崙丘，見西王母。按列子周穆王時。西極之國。有化人來。入水火。貫金石。反山川。移城邑。乘虛不墜。觸石不硋。穆王敬之若神。事之若君。推路寢以居之。引三牲以進之。選女樂以娛之。化人以為王之宮室卑陋而不可處。王之廚饌腥螻而不可饗。王之嬪御膻惡而不可親。穆王乃為之改築。土木之功。赭堊之色。無遺巧焉。五府為虛。而臺始成。號曰中天之臺。化人猶不舍然。不得已而臨之。居亡幾何。謁王同游。王執化人之祛。騰而上者。中天迺止。暨及化人之宮。化人之宮構以金銀。絡以珠玉。出雲雨之上。而不知下之據。望之若屯雲焉。耳目所觀聽。鼻口所納嘗。皆非人間之有。王自以居數十年。不思其國也。化人復謁王同遊。所及之處。仰不見日月。俯不見河海。光影所照。王目眩不能得視。音響所來。王耳亂不能得聽。百骸六藏。悸而不凝。意迷精喪。請化人求還。化人移之。王若殞虛焉。既寤。所坐猶嚮者之處。侍御猶嚮者之人。視其前。則酒未清。肴未昲。王問所從來。左

燕昭王學仙

右曰。王既存耳。由此穆王自失者三月。而復更問化人。化人曰。吾與王神遊也。形奚動哉。王大悅。不恤國事。不樂臣妾。肆意遠遊。命駕八駿之乘。造父爲御。馳驅千里。升崑崙之邱。以觀黃帝之宮。遂賓於西王母。觴於瑤池之上。穆王幾神人哉。能窮當身之樂。猶百年乃徂。世以爲登假焉。○穆王十七年歲次乙亥係按竹書紀年。化人。幻人也。登假。假字。當作遐。世以爲登遐。明其實死也。○按仙傳拾遺。西王母降穆王之宮。相與昇雲而去。

燕昭王遊燧林營金醴玉酒。

按仙傳拾遺。燕昭王。王噲之子。及即位。好神仙之道。仙人甘需臣事之。爲王述昆臺登眞之事。去嗜欲。撤聲色。無思無爲。可以致道。王行之既久。西王母至。與王遊燧林之下。說炎皇鑽火之術。然綠桂膏以照夜。自是王母三降於燕宮。甘需曰。王母所設之饌。非人世所有。玉酒金醴。後期萬祀。王既嘗之。自當得道矣。王十三年。王無疾而殂。

但自古以來。求仙之事。記載可考者。自秦皇始。

秦皇既併六國。無欲不遂。惟壽不可必得。故方士以長生不死之術中之。時北郭鬼谷子。按續文獻通考。鬼谷子姓王名詡。春秋晉平公時人。入雲夢山採藥得道。戰國時。隱居陽城清溪之鬼谷。因以自號。蘇秦張儀嘗就問道。鬼谷處人間數百歲。後不知所終。○按明一統志。陽城即河南河南府登封縣治。北五里有鬼谷。蘇秦師事鬼谷在此。又江西廣信府貴溪縣南八十里。有鬼谷山。相傳鬼谷子嘗居此。上言東海祖洲上。按地志曰。祖洲在東海中。一名齊洲。有不死草。名養神芝。其葉如菰。苗叢生。一株可活一人。上乃遣徐福。字君房道士也。發童男童女各五百人。率攝樓船等。入海尋祖洲。遂不返。又使燕人盧生。入海求神仙藥。不獲。還。遂亡去。

漢武帝求仙丹

按明一統志。湖南寶慶府武岡州南十五里。有樂山。即盧生亡隱於此。齊人徐市等上書。言海中有三神山。曰蓬萊。曰方丈。曰瀛洲。仙人居之。請與童男女求之。於是遣徐市發童男女數千人。入海求僊人徐市等入海。按通鑑綱目秦始皇二十八年。始遣徐市入海求神僊。數歲不得。恐招譴。乃詐曰蓬萊藥可得。然常爲大蛟魚所苦。故不得至。願請善射與俱。見則連弩射之。上令齋捕魚具入海。會上疾。崩於沙邱。

漢孝武帝。好神仙。求長生。元光二年。以方士李少君請帝祀竈。化丹砂爲黃金。以製飲食器。可卻老益壽不死。帝從之。少君病死。上以爲化去不死。又齊人李少翁以鬼神方見上。上有所幸王夫人。夫人卒。少翁以方蓋夜致王夫人及竈鬼之貌云。天子自帷中望見焉。乃拜少翁爲文成將軍。後少翁術衰。乃爲帛書以飯牛。（書絹帛上爲怪言語以飼牛）佯不知曰。此牛腹中有奇殺視得書。書言甚怪。天子識其手書。問其人。果是僞書。於是誅文成將軍。元鼎二年。[illegible]帝作承露臺。高二十丈。大七圍。以銅爲之。上有仙人掌。以承露。和玉屑飲之。云可以長生。四年。[illegible]方士欒大自言師事仙人。有禁方。能得神仙不死藥。上使驗小方鬭棊。棊自相觸擊。〔索隱曰〕顧氏按萬畢術云。取雞血雜磨鍼鐵。擣和磁石棊頭。置局上。自相抵擊。乃拜大爲五利將軍。封樂通侯。食邑賜甲第。以衞長公主妻之。賚金十萬斤。上親幸其第。貴震天下。五利常夜祠其家。欲以下神。神未至。而百鬼集矣。然頗能使之。後大竟坐誣妄腰斬。元封二年。徼帝祭中嶽。從官在下。聞若有言萬歲者三。帝遂東巡海上。祠八神。見上二張使方士千人求神仙。且自欲浮海求蓬萊。羣臣諫莫能止。東方朔曰。夫仙者得之自然。不必躁求。若其有道。不

漢武帝悟求仙之妄

漢宣帝求仙丹

漢成帝好方術

谷永諫

憂不得。若其無道。雖至蓬萊見仙人。亦無益也。上乃還。征和四年。帝幸東萊。山東萊州府復欲浮海求神仙。而大風晦冥。海水沸湧。留十餘日乃還。自是乃悟。每嘆曩時為方士所欺。天下豈有神仙。盡妖妄耳。節食服藥。差可卻病而已。宣帝神爵元年。上頗修武帝求仙故事。方士劉更生獻祕方。言黃金可成。令尚方鑄作。不驗。坐罪當死。上奇其材。得減罪論。成帝永始二年。上好鬼神方術之屬。祠祭費用甚多。谷永說上曰。臣聞明於天地之性者。不可惑以神怪。知萬物

東漢時張道陵以符術治病

之情者不可罔以非類諸背仁義之正道不遵五經之法言而盛稱奇怪鬼神及有仙人服食不死之藥遙興輕舉黃冶變化之術者皆姦人熒衆挾左道懷詐僞以欺罔世主聽其言洋洋盈耳若將可遇求之盪盪如繫風捕影終不可得是以明王拒而不聽聖人絕而不語惟陛下拒絕此類毋令姦人有以窺伺者上善其言

東漢順帝時沛國張道陵見集說詮眞百八十二張家素貧又不得耕者自給乃往蜀著道書以祕籙符水治病受

晉哀帝好仙藥　高崧諫　元魏太祖好方術　元魏世祖好道術　寇謙之行道術

其道者出米五斗故世號米賊陵死子魯孫衡繼之
時有駱曜張角亦以符祝符水治病其法略與衡同
晉哀帝微信方士言斷穀餌藥以求長生侍中高崧
諫不聽服藥過多中毒不能親政
元魏太祖好老莊天興幽中立仙坊方士張曜煮煉
百藥令死罪者試服之多死無驗太祖猶將修焉太
醫周澹苦其煎採之役欲廢其事乃陰令妻貨張曜
妾得曜隱罪曜懼死因請辟穀太祖許之世祖卅時
道士寇謙之（見集說詮眞第九十張）修張魯之術服食餌藥歷

魏世祖起道場

梁元帝崇老氏

年無效，隨往嵩岳，久之，自言嘗遇老子，授以辟穀輕身之術，且授汝天師之位，賜汝新科經誡二十卷，此吾經誡自天地開闢以來，不傳於世，今運數應出，汝宣吾新科，清整道教，除去三張僞法，租米錢稅，及男女合氣之術，大道清虛，豈有斯事。又言並遇老子玄孫神人李譜文，授以圖籙眞經，銷鍊金丹玉漿之法，世祖信之，起天師道場，顯揚新法，親至道壇受符籙，自是道業大行，居無何，謙之腹中大痛而死。

梁元帝崇道宗，承聖三年，嘗親講老子於龍光殿，時魏兵至城已被圍講猶不輟百官戎服以聽尋出降。被魏人所殺。

隋煬帝誅術士

隋煬帝大業八年嵩道士潘誕自言三百歲爲帝合煉金丹帝爲之作嵩陽觀所費鉅萬誕云應用石膽石髓發工鑿石深百尺者數十處不得乃言若得男女膽髓各三斛六斗可以代之帝怒鎖詣涿郡斬之

唐高祖祀老子

唐高祖武德三年晉州（今山西平陽府臨汾縣）人吉善行自言於羊角山（在山西平陽府浮山縣城東北二十里）見白衣老父曰爲吾語唐天子吾爲老君乃而祖也高祖信之詔於其地

唐太宗求仙藥

唐高宗不信仙藥

立廟。由是老子法遂行。九年廢之尊。即復。太宗世民時。天竺方士娑婆寐嘗自言有長生之術。上信之。發使詣婆羅門諸國採藥。藥竟不就。乃放還。高宗治即位。寐復詣長安。關門門如有上復遣歸。謂宰相曰。彼云藥成欲服時。須斷食三日。服藥令吐。復斷食。再服藥。令人極瘦困然後與藥。即換爪骨。始得長生。遍觀史籍。定無長生之理。昔秦始皇漢武帝求之。卒無所成。果有不死之人。今皆安在。李嶠對曰。此人再來。容髮衰白。改於前矣。安能長生。寐竟未及行而死。總章元年[illegible]

詔僧道會於百福殿定奪化胡經眞僞。僧法明者出曰。老子化胡成佛之際。爲作華言化之耶。胡語化之耶。若作華言。胡人未善。必作胡語矣。胡語旣傳此土。須假翻譯。未審化胡經於何代翻譯。道流無能應者。乃敕搜聚天下化胡經焚之。烏荼國術士盧迦逸多。自言能合不死藥。上將餌之。東臺侍郎郝處俊諫曰。修短有命。非藥可延。貞觀（唐太宗）之末。先帝服娑婆寐藥。大漸之際。明醫不知所爲。殷鑒不遠。願陛下深察。上乃止。其時有術士王智遠潘師正劉道合等。行術

唐中宗睿宗好術士

道觀甚多

辛替否諫

罔上。中宗時。方士鄭普思葉靜能。及睿宗時。司馬承禎等。均以術數進。上信之。擢授官職。大興營造。時計寺觀有一千六百八十七處。睿宗景雲元年。補闕辛替否上疏曰。太宗撥亂反正。開基立極。官不虛受。財不枉費。不多造寺觀而有福。不多度僧尼而無災。享國長久。名高萬古。陛下何不取而法之。中宗棄祖宗之業。徇中宮之意。無能而祿者數千人。無功而封者百餘家。造寺不止。度人無窮。奪民之食。以養貪殘。剝民之衣。以塗土木。人怨神怒。眾叛親離。享國

李嶠等諫

唐玄宗崇老氏

不永。禍及其身。陛下何不懲而改之。上不聽。李嶠桓彥範崔玄暉李邕韋嗣立等。又上疏切諫。亦不從。玄宗。唐推崇老君尤甚。詔老子道德經。士庶家各藏一本。貢舉試加老子策一二條。并屢謂夢見老君與語。告以像藏之處。帝遣使得之於盩厔。縣屬陝西西安府迎置興慶宮。參軍田同秀言老君告以靈符藏在尹喜故宅。上亦遣使求得之。時人皆疑寶符。同秀所為。而上擢同秀為朝散大夫。又有清河今山東東昌府恩縣人崔以清。復言老君云。武城按地理韻編今山東臨清州武城縣西十里紫薇山。按明

唐代宗好術士

梁鎮諫

一統志在直隸順州東北二十五里藏有鐵符。敕使往掘。亦得之東京留守王侑知其詐。案問。果首服。奏之。上亦不之罪。宋州人姜撫。自稱通仙人不死術。召至東都。賜號冲和先生。撫言服常春藤。使白髮復黑。則長生可致。藤生太湖最良。又言終南山有旱藕。餌之延年。後民間以酒漬藤飲者多暴死。撫慚逃去。代宗廣德卌初。術士李國禎請造天華上宮露臺。大地婆父祠。并三皇道君。太古天皇。中古伏羲女媧等。各為堂室。上從之。梁鎮上疏切諫。以為不可。且婆父之部語。不經。兒若為

唐憲宗好術士　李藩諫

地建祖廟。上天必貽向背之責，帝從之。憲宗元和六年。上嘗與宰相語及神仙，李藩對曰。秦始皇漢武帝學仙之效具載前史，太宗服天竺僧長年藥，致疾。此古今之明戒也。陛下春秋鼎盛，勵志太平，宜拒絕方士之說，苟道德盛充，人安國理，何憂無堯舜之壽乎。十三年，上好神仙，詔求方士。柳泌言能合長生藥。天台（按明一統志天台山在浙江台州府天台縣西一百十里。上生藥草。）多靈草。誠得爲彼長吏，庶幾可求。上以泌權知台州（浙江）刺史。泌驅吏民採藥，歲餘無所得，懼而逃入山中。時起居舍人裴潾上言曰。除天下之害者。受天下之利。同天下之樂者。享天下之福。自黃帝以及文武。享國壽考。皆用此道也。去歲以來。所在多薦方士。設令果有神仙。彼必深潛岩壑。惟恐人知。凡伺候權貴之門。以大言自衒奇伎驚眾者。皆不軌狗利之人。豈可信其說而餌其藥耶。夫藥以愈疾。非朝夕常餌之品。況金石酷烈有毒。又益以火氣。非五臟所能勝也。古者君飲藥。臣先嘗之。乞令獻藥者先餌一年。則眞僞可辨矣。

武宗踵繼好神仙。以道士趙歸眞劉元靜居禁中。修法籙。王哲李德裕劉玄謨上疏切諫。不從。會昌五年㸚十二月。上以餌方士金丹。性躁急。喜怒不常。而道士以爲換骨。賢妃王氏見帝不豫。每謂近侍曰。陛下煉丹。言我得不死。今膚澤消槁矣。

唐宣宗餌仙丹崩

宣宗㸚問輔養術於韋澳。澳具言金石非可御。方士怪妄。宜斥遠之。不聽。大中十三年。㸚李元伯治丹劑以進。帝餌之。疽生於背。崩。懿宗立。收元伯誅之。

宋眞宗好道教

趙宋太祖開寶六年。㸚禁道士不得畜妻孥。眞宗㸚好道教。時宰輔王欽若。言於上曰。天瑞可以人力爲

王欽若僞造天書

之河圖洛書豈果有耶。聖人以神道設教耳。大中祥符元年(1008)正月。欽若矯造天書。以帛二丈許。繕就黃字。緘如書卷。密令吏於承天門南鴟尾。守門卒涂榮以聞。帝謂侍臣曰。去年十一月二十七日夜半。方就寢。忽室中光曜。神人告曰。宜設道場一月。當降天書。今承天門上則帛。蓋神人所謂天書也。帝遂步至。瞻望再拜。遣內侍升屋奉之下。帝親置輿中。導至道場。授陳堯叟啟封。緘書甚密。抉以利刀方啟。堯叟讀之。詞類洪範道德經。始言帝能以至孝至道紹世。次論以清靜簡儉終逃世祚延永之意。讀訖。帝復跪奏。盛之於金匱。命臣入賀。獨龍岡侍御孫颯。言於帝曰。以臣所聞天何言哉。豈有書也。帝默然。六月醴泉亭北。復見有黃素帛曳林木上。王欽若馳奏詣闕。帝召羣臣曰。朕五月內丙子夜。復夢向者神人。言來月上旬當賜天書。未敢宣露。惟密諭王欽若等。凡有祥異。即上聞。今得其奏。果與夢協。隨令陳堯叟啟封。其文曰。汝崇孝奉吾。育嗣廣福。錫爾嘉瑞。黎庶咸知。祕守斯言。善解吾意。國祚延永。壽歷遐歲。讀訖。奉以升殿。

宋眞宗封玉皇

龍虎山張氏封號

羣臣拜賀五年敕十月帝語輔臣曰朕夢神人傳玉皇之命云先令汝祖趙玄朗授汝天書今令再見汝翌日聖祖至朕再拜聖祖命朕前曰吾乃人皇九人中一人也是趙之始祖再降乃軒轅皇帝後唐時復降主趙氏之族今已百年皇帝善爲撫育蒼生無怠前志即乘雲離座而去羣臣皆再拜稱賀十一月詔籙玉皇聖祖太祖太宗神像八年畔上玉皇聖號曰太上開天執符御歷含眞體道玉皇大天帝王欽若奏立授籙院召張陵後信州龍虎山道士張正隨赴

范雍諫

王曙諫

宋徽宗崇道教

闕賜號眞靜先生自是凡嗣世者皆賜號仁宗天聖八年。[illegible]玉清昭應宮災惟存長生崇壽二小殿太后泣范雍言於后曰不若悉燔之也先朝以此竭天下之力遽爲灰燼非出人意如因其所存又將葺之則民不堪命矣非所以祗天戒也。中丞王曙亦言玉清昭應宮之建非應經義願除其地罷諸禱祠以應天變乃下詔不復繕修徽宗嗜好道教時方士王老志。自言遇異人授以丹召至京賜號洞微先生方士王仔昔自謂遇許遜得石洞隱書能道人未來事。方士

林靈素行道術

宋徽宗爲道君

徐知常徐守信劉混康等。俱賜號。後並贈大中大夫。由是道家之事日興。林靈素者。溫州人。少從浮屠。苦其師笞罵。去爲道士。善妖幻。徽宗訪方士。靈素得召。行五雷法。召呼風霆。間有小驗。每於道會。令士庶入聽講經。帝爲設幄其側。靈素據高座。使人在下。再拜請問。然所言無殊絕者。時時雜以滑稽媟語。上下爲之大鬨笑。無君臣之禮。朝士嗜進者。亦靡然從之。帝諷道籙院曰。朕乃上帝元子。爲太霄帝君。憫中華被金狄之教。遂懇上帝。願爲人主。令天下歸於正道。卿

等可上表。敕朕爲教主道君皇帝。於是道籙院上表

冊之。蓋道教之盛。莫宋若也。

龍虎山張氏封號

元世祖。召龍虎山道士張宗演。賜號靈應冲和眞人。給三品銀印。令主江南道教事。得自出牒度人爲道士。時樞密副使張易等。參校道書。奏惟道德經係老子親著。餘皆後人僞撰。宜悉焚毀。從之。

焚道書

明太祖。詔龍虎山道士張正常爲眞人。去其舊稱天師之號。謂群臣曰。至尊惟天。豈有師也。以此爲號。褻瀆甚矣。乃召學士宋濂。至。諭之曰。古之帝王。常宴

明太祖封張氏號眞人除去天師號

宋濂言神仙妄

安之餘。多好神仙。以朕言之。使國治民安。心神恬康。即神仙也。濂對曰。漢武好神仙。而方士至。梁武好佛。而異僧集。皆由人主篤好。故能致之。使移此心以求賢輔。天下詎有不治者乎。太祖嘉納之。

明太祖逆術士

後有道士以道書獻。上卻之。侍臣請留覽之。或有可取。上曰。彼所獻書。非存神固氣之道。即煉丹燒藥之說。朕焉用此。朕所用者。聖賢之道。所需者。政治之術。將躋天下生民於壽域。豈獨一己之長生哉。苟一受其獻。迂誕怪妄之士。必爭來矣。故卻之。毋為所惑。

明世宗好道術

世宗烺復好道

術。注意玄修。廣招方士。時王金陶倣申世恩劉文彬高守中陶世恩等。均以術得幸。致身通顯。僞造五色靈龜靈芝以爲天降瑞徵。并進以諸品仙方。養老新書。帝頗信之。四十四年冬十月。戶部主事海瑞上言。陛下卽位初年。敬一箴心冠履辨分。天下忻忻。謂煥然更始。無何而銳精未久。妄念牽之。謬謂長生可得。一意修玄。內外臣工。修齋建醮。相率進香。天桃天藥。相率表賀。陛下誤爲之。羣臣誤順之。臣愚謂陛下之誤多矣。大端在玄修。夫玄修所以求長生也。堯舜

明世宗悟道術妄

禹湯文武之爲君。聖之至矣。未能久世不終。下而方士。亦未見有歷漢唐宋至今存者。陛下師事陶仲文。仲文則既死矣。仲文不能長生。而陛下獨何求之。至謂天賜仙桃藥丸。怪妄尤甚。陛下玄修多年。靡有一獲。左右奸人揣逆聖意。投桃設藥。以謾長生。理之所無。斷可見已。疏上。帝大怒。命逮繫瑞。下鎮撫。詎於四十五年壯冬。帝崩。詔曰。朕奉宗廟一念惓惓。惟敬天勤民是務。祇緣多病。過求長生。遂至奸人誑惑。自今建言得罪諸臣。存者召用。沒者恤錄。監者即釋復職。

明穆宗逮術士

張氏荒淫

張氏革眞人號

穆宗欲踐祚。釋戶部主事海瑞於獄中。逮方士王金陶倣申世恩劉文彬高守中陶世恩等。下詔獄論死。時吏部覆江西守臣奏正一眞人張永緒荒淫不檢。吞噬公行。有害於民。無功於世。不當復令世襲。請永革除。上從之。詔革正一眞人名號。奪其印章。止以裔孫張國祥爲上清觀提點。鑄給提點印。龍虎山張氏稱眞人。由是革除矣。

分見史記、漢書、梁書、魏書、隋書、宋史、明史紀事本末、通鑑綱目、文獻通考、續文獻通考

右敘道教由來及其相傳增飾。歷代從違。名臣

諫評也

考道法之流。漢初已有三十七家。至元魏寇謙之遂合而為一。遼金元間。復分有三家。一曰正一教。即龍虎山張氏所傳是也。一曰真大道教。始自金季道士劉德仁。元世祖賜其徒孫德福張志清等號演教大宗師。凝神沖妙玄應真人。一曰太乙教。始自金熙宗天眷中道士蕭抱真。元世祖建太乙宮。命其徒李居壽居之。主領祠事。道家之派不一。核其宗旨。則曰清靜無為。考其究竟。則曰羽化成仙。問其論說。則曰

二儀之間有三十六天天之中有三十六宮宮有一
主最高者無極至尊次曰大至眞尊次天覆地載陰
陽眞尊次洪正陽尊姓趙名道隱以殷時得道而漢
武世得道之牧土上師李譜文以及張陵等並爲翼
從寇謙之入繼牧土上師爲子與羣仙結爲徒友凡
能修身鍊藥學長生之術卽爲眞君又曰元始天尊
姓樂名靜信生於太元之先稟自然之氣沖虛凝遠
莫知其極天尊之體常在不滅天地有淪壞劫數劫
中非一度其間相去經四十一億萬載所度天仙上

品有太上老君。太上丈人。天眞皇人。五方天帝。及諸仙官。每至天尊開刼啟運。天書自現。凡八字。盡道體之奧。字方一丈。八角垂芒。光輝照耀。驚心眩目。雖諸天仙。不能省視。乃命天眞皇人。改囀天音而辯析之。自天眞以下。至於諸仙以次轉授。始授世人。凡人蠲去邪累。澡雪心神。積行樹功。累德增善。乃至白日飛升。長生世上。爲問其術。則曰圖籙符水。療治沉痾。雌雄雙劍。制馴猛獸。丹書科儀。劾召百神。而驅妖鬼。然津運氣。可使羣陰剝盡。體變純陽。採仙草。煉金石。能

總收三教
佛老誕妄

致終身辟穀。露循雨眠。骨換尸解。遂與羽化。而至玄妙之鄉。分見魏書、隋書、冊府元龜、續文獻通考、神仙傳

右述道教大旨。及其服餌異術也。

統閱儒釋道三教大旨。及其創始相傳。知佛老誕妄。儒教正眞。已確鑿可據矣。釋家大旨。謂因果輪迴。道家大旨。謂服餌飛昇。均屬不經荒謬。釋教創自天竺國人。其流入中夏。始於明帝幻夢。及盛行於世。由於晉魏以來。世道澆漓。妄求福利。髡僧接踵而至。人君半爲迷惑。道術始於周季。秦漢間。方

士揣迎人主求長生之妄念。假老子之名。以神其詭詐伎倆。自漢晉而元明。明主賢君。師法堯舜禹湯者。固指不勝屈。但其間迷惑於緇衣羽冠妄說者。亦難更僕數。雖代有賢臣。切諫上書。直斥其妄特迷惑已深。膠固不解。雖侃侃陳疏。類皆空言無補。自是寺觀徧於各道。而因果長生之說。朝野宣聞。競相傳述。習俗移人。賢者不免。難曉易惑之小民。幾何而不胥漬染也。是知佛老之權輿。由於矯詐之徒。蔓延中國。又由於歷朝人主。不聽諍諫所致則其教之誕妄不於此彰明較著哉。

按今之緇衣髡僧莫不以瞿曇（釋迦佛也）爲宗以釋教寶權輿於天竺也但華夏所傳之佛經已非浮屠氏之本書矣唐太史丞傅奕（見集說詮眞）曰佛乃胡中桀黠誑耀彼土中國邪僻之人取老莊（老子著道德經見集說詮眞三十九張莊子作南華經見上十三張）言談飾以妖幻用欺愚俗（見讀史管見）信若是瞿曇所創已無根據而今之佛家變本加厲益復僞飾更張譸幻之爲於斯已極。

按羽士黃冠之流。符籙丹黃。雷聲禹步。僉曰。老子。我教之祖也。一爲探其根原。知道教並非創自老子。文獻通考曰。老子初未嘗欲以道德五千言設教也。羽人方士。借其名以自重耳。且道家之術。雜而多端。如淸淨一說也。煉養一說也。服食又一說也。符籙又一說也。經典科教。又一說也。黃帝老子列禦寇莊周（列子莊子見上十三張）之書。所言者淸淨無爲而已。而略及煉養之事。服食以下。所不道也。至赤松子（按神仙傳赤松子。即黃初平。年十五。家使牧羊。與道士入金華山。四十餘年。不復念家。其兄初起索之。市中遇道士。問之。隨之至山。相見與語畢。問羊何在。初平向山叱曰。羊起。於是白石皆變爲羊數萬頭。初起就初平學道。服松脂茯苓。至五百歲後。俱還鄉里。親族死終略盡。乃復還去。初平改字爲赤松子。初起改字爲魯班。○萬姓統譜作漢時谿皇初由陵餘叢老作晉時劉皇初平。○按明一統志浙江金華府城北二十里金華山黃初平叱石成羊處。魏伯陽按神仙傳伯陽吳人。好道。與弟子三人入山作神丹。丹成。與犬食之。犬即死。伯陽自服之。亦死。一弟子取服之。又死。二弟子出山。欲爲伯陽等求棺木。去後。伯陽即起。將所服丹納死弟子及白犬口中。皆起。伯陽作參同契五行相類三卷。按續文獻通考。伯陽淵潛紹興府上虞縣東漢桓時人。之徒。則言煉養。而不言清靜。盧生李少君欒大見上五十八張之徒。則言服食。而不言煉養。張道陵見集說詮眞百八十二張寇謙之（見集說詮眞百九十張）之徒。則言符籙。而俱不言煉養服食。至杜光庭（見集說詮眞百九十七張）而下。以及近世黃冠師之徒。則專言經典科教。所謂符籙者。特其教中一事。於是不惟清淨無爲之說。略不能知其旨趣。雖所謂煉養服食之書。亦未嘗過而問焉。偏俱欲冒老氏以爲宗主。而行其教。然則柱史五千言。曷嘗有是乎。蓋愈遠而愈失其眞矣。由是言之。今之所謂道教。並非創自老子。乃方士羽流。任臆翻新。恣行妄誕者也。其教之紕繆。尙待問乎。

按釋道二教源流異致而標榜詆毀又不相讓見上八至十張然核其實乃彼此倣效相與剽竊忘卻本來幾不知各爲其教矣馬端臨見上三十八張曰仁義禮法聖賢之說也老氏以爲不足爲而主於清靜清淨無爲者老氏之說也佛氏以爲不足爲而主於寂滅蓋清靜者求以超出乎仁義禮法而寂滅者又求以超出乎清淨無爲者也然曰寂滅而已則不足以垂世立教於是緣業之說因果之說六根按讀書紀數略六根者眼所見處耳所聞處鼻所香處舌所味處身所觸處意所思處亦名六觸六情六

想。七八。愛。六塵。按讀書紀數略六塵。以其汙人之淨心。故曰塵。一色。謂形顯質礙。二聲。謂反聞成迷。三香。謂薰蕕自知。四味。謂酸醎澀奴怒。五觸。謂冷暖勞苦。六法。謂萬般紛紜。四大。按讀書紀數略空品四大。地。水。火。風。古佛偈假借四大爲身、骨肉爲地。涕唾精液爲水。煖氣爲火。骨節運轉爲風。十二緣生。按讀書紀數略十二因緣。一。無明緣行。謂因眼見色。而生愛爲。無明爲愛。造業爲行。二。行緣識。謂至心專念爲識。三。識緣名色。謂識具色行曰名色。四。名色緣六入。謂六處生貪曰入。五。六入緣觸。謂因人求愛爲觸。六。觸緣受。謂貪著心是受。七。受緣愛。謂纏綿不捨是愛。八。愛緣取。謂求是等法名取。九。取緣有。謂如是法生名有。十。有緣生。謂次第不斷名生。十一。生緣老病。十二。憂悲苦惱。之說。皆見疊出。宏遠微妙。然推其所自實

本老子高虛玄妙之旨。增而高之。鑿而深之。遂自

成一家之言而後來之道經反從而依倣之然較其詞采則鄙劣彌甚者蓋瞿曇設教最久囑付其徒亦甚至又能鼓舞天下之文人才士以羽翼之推原其旨意之所從來而潤色其辭語之所未備於是羽人方士就佛經腳跟下竊其緒餘作諸經懺而復無羽翼潤色之者故無足觀蓋佛襲老之精微泝而上之其說愈精微道襲佛之粗淺沿而下之其說愈粗淺矣故朱文公（朱子剳）嘗言佛家偷得老子好處後來道家只偷得佛家不好處譬如

道家有箇寶藏被佛家偷去後來道家卻只取得佛道瓦礫殊可笑然則二氏固互相倣效者也理致之見於經典者釋氏爲優道家強欲效之則祇見其數淺無味祈禱之具於科敎者道家爲優釋氏強欲效之則祇見其荒誕不切矣（見文獻通考）噫釋道二家固互相剽竊者也釋家竊老氏高虛玄妙之旨又得借筆於文人學士其經典雖幽渺無味而猶貌其精微似存理致若道經乏人潤色隨拉雜粗俚毫無足觀究之均屬荒謬何必予以優劣

子輿氏所謂五十步與百步。二氏有焉。

按儒教根於性。本乎理。導人祇承大造。遵守綱常。始道統於羲軒。本學術於孔孟。其爲教也。顧不正而眞哉。然此特論孔孟以前之先儒耳。降及後儒。則不可同日而語矣。

宋代道學諸儒博通經籍。亦可媲美先賢。且其養心治身。似已不遺餘力。如濂溪（周敦頤）光風霽月。明道（程顥）一團和氣。朱子（見上四十一張）講學。亦本格正誠正。然稱虛爲天地之祖。天地從虛中來。天地之生。不

太極說非古儒正旨

外理與氣。則所謂格正誠正者。下手功夫。皆無著
實。而其誤。則總由太極圖說之有悖於古儒經旨
也。雖混沌如鷄子之說。見上四十一張非始自宋儒。而太
極圓圖。始有類是者。陸子靜按宋史子靜名九淵。宋孝宗乾道八年時
登進士。嘗曰。聞人誦程伊川語。自覺若傷我者。又曰。伊川之言。奚爲與孔子孟子之言不類。近見其
間。多有不是處。○伊川卽程頤見上四十一張。與朱元晦卽朱子熹書曰。朱子
發按宋史子發名震。宋徽宗政和時間登進士。著有漢上易解謂濂溪周子敦頤得
太極圖於穆伯長。按宋史伯長名修。鄆州人。宋眞宗時朝進士。補潁州文學參軍。
○鄆州卽山東泰安府東平州伯長之傳。出於陳希夷。按宋史陳摶字圖南。

河南歸德府鹿邑縣人。後唐明宗長興中。舉進士不第。遂不求祿仕。隱武當山。服氣辟穀。歷二十年。但日飲酒數杯。移居華山雲臺觀。又止少華石室。每寢處多百餘日不起。周世宗好黃白術。顯德三年。嘗召之。既而知其無他術。放還所。宋太宗太平興國中來朝。太宗賜號希夷先生。其必有考。希夷之學。老氏之學也。無極二字。出於老子。知其雄章。吾聖人之書所無有也。老子首章言無名天地之始。有名萬物之母。而卒同之。此老氏宗旨也。無極而太極。卽是此旨。老氏學之不正。見理不明。所蔽在此。兄於此學。用力之深。爲日之久。曾此之不能辨何也。是太極圖說。朱元晦並世之儒。

已有黜為老氏僻學而非經典正旨誠以太極新說謂天地原於太極肇於陰陽萬物之生不外乎理氣與經載天生蒸民萬物本乎天維皇上帝降衷於下民等語不能符合也陸子靜嘗曰聞人誦伊川程子頤語自覺若傷我者又曰伊川之言奚為與孔子孟子之言不類近見其間多有不是處宋史見史此言良非誣也宋史道學序謂三五之道孟子沒而無傳宋代道學諸儒度越諸子上接孟氏但周程張朱諸儒距孟氏千數百載其得突如上接

兼儒徒有儒名

者。殊令人索解而不得矣。且朱子在襁褓中。卽問其父。天之上何物。大哉斯問。惜乎未見父示焉。按宋史朱熹傳。熹幼穎悟。甫能言。其父松指天示之曰。天也。熹問曰。天之上何物。松異之。及長。亦嘗殫心力學。欲徹大原。乃惑於理氣之說。仍無貲獲。求道亦云早矣。惟畢世未窺天奧爲可慨耳。

宋儒創太極新說。因名之曰新儒。而新儒之外。猶有兼儒。兼儒者。兼儒釋道三教而並奉也。蓋有自命爲儒。特以重增搜神記將仲尼與老子釋迦同載遂信三家一致之說。按(文獻通考)宋僧契嵩，藤州人，仁宗皇祐間，以世儒多誑釋氏之道，因撰(輔教編)五卷，廣引經籍，以證三家一致，輔相其教。佛老與儒，可並行不悖。甚至梁楣之間，符籙紛粘。喪葬之日，鐃鈸競喧，鑪炭則供司命之神，祭祖則焚紙錢於地，縫掖章甫之輩，儼與緇衣羽冠者流，盟為昆季，而以孔子先師，並為淨光童子儒童菩薩與玄宮仙太極上眞君矣。按(印雪軒隨筆)眞隸宣化府釗縣，有三教堂，內供塑像，釋迦中坐，老子居左，孔子儒服儒冠居右，設孔子而在，當亦為之鳴鼓也。昔莊子見魯哀公，哀公曰：魯少儒，哀公卜舉魯國而儒服可謂少乎莊子曰公何不號於國中曰無儒道而儒服者其罪死哀公號之五日無敢儒服者獨有一丈夫儒服而立乎公門卽召而問以國事千轉萬變而不窮莊子曰以魯國而儒者一人可謂多乎（注）獨有一丈夫蓋眞儒也其人爲誰非孔子不足以當之孔子爲哀公同時人莊子蓋寓言特尊孔子一人爲眞儒也何以知其寓言莊子與齊宣王同時何由得與魯哀公相見耶此雖寓言然亦可見眞儒之不可多得也

或曰繫辭曰易有太極是生兩儀則太極之說孔子已言之非自宋儒始稱此說爲新說宋儒爲新

儒耶乃不可乎

曰。孔子所謂之太極。非宋儒所訓之太極也。孔子

繫易謂太極生兩儀。指萬物之元質而已。猶謂未

有天地之先。上主由無而造一元質。同由無而造

謂之太極。遂由此而造天地也。如曰不然。則經載

天生蒸民萬物本乎天。惟皇上帝降衷於下民。果

何謂哉。而宋儒所論之太極。則異是。宋儒曰太極

爲天地萬物之理。理生氣。氣載理。氣化成形。而人

物生生萬物統體爲一太極。猶曰太極卽是萬物

宋儒之旨乃新說

之本原大造而大造與萬物同歸一體。殊非孔子

繫易之太極也。袁簡齋大令。著宋儒論曰。宋儒之

講學而談心性者。際其時也。氣運為之也。今之尊

宋儒者。亦際其時也。氣運為之也。是何也。漢後儒

者有兩家。一箋註。一文章。為箋註者。非無考據之

功。而附會不已。為文章者。非無潤色之功。而靡曼

不已。於是宋之儒舍其器而求諸道。以異乎漢儒。

舍其華而求諸實。以異乎魏晉隋唐之儒。又目夫

佛老家講張幽渺。而聖人之精旨微言。反有所閟。

而未宜於是入虎穴探虎子闖二氏之室儀神易貌而心性之學出焉夫創天下之所無者未有不爲天下之所尊者也古無箋註故鄭馬尊古無詞賦策論故鄒枚鼂董尊。按漢書鄭玄字康成，東漢靈帝建寧初，時杜門修業。馬融字季長，東漢安帝永初間，拜校書郎。鄒陽、西漢景帝時，以文辭著名。枚乘以詞賦著名。西漢景帝時，召拜都尉。鼂錯，西漢文帝時，爲掌故。董仲舒，西漢武帝時稱醇儒。古無圖太極而談心性者則宋儒安得不尊然而箋註帖括明經之科變矣詞賦策論進士之科變矣元仁宗始以經義取士以程朱爲式則至今猶未變也明祖開國又首聘婺（婺源縣屬安徽徽州府）之四先生勸須宋註以取士而宋學從此大昌易所謂窮則變變則通正此之謂吾故曰宋儒之講學人之尊宋儒者皆際其時也氣運爲之也。（見小倉山房文集宋儒論）按袁大令言古無圖太極談心性而宋儒創天下之所無。又爲圖說以傳之故得爲天下所尊則太極心性之說既曰往古所無天下所無非新說而何又言宋儒之講學人之尊宋儒者皆因際其時氣運爲之第往古經典歷久常尊詎由時運爲轉移則宋儒之學。既由際時氣運所致，又非新說而何，更言宋儒闖入佛老二氏之室，竊神易貌，而心性之學。於是乎出，是知宋儒談心性，殆本於二氏，特將佛氏明心見性之說，竊其神而易其貌耳。則宋儒之學。非儒家之新說而何。創新說者稱爲新儒。其誰曰不可。

或曰，經書義奧旨深。全憑後儒箋釋。闡其隱祕。即如朱子論孟集註，學庸章句。應亦奉爲不刊之典，不得復生異議矣。

註解不可盡信

曰箋註諸儒發明經蘊有功於經書固也然經書正文唐宋以後各有刊本其中異同不能統歸畫一十三經注疏校勘記臚列今之監本與諸古本互異之處曰易乾卦其唯聖人乎知進退存亡句釋文王肅本聖人作愚人師卦承天寵句王肅寵作龍如此之類不一而足校勘記計有二百餘卷其互異處不爲不多矣是於正文猶不得一無異議況諸家箋註哉又況朱子之集註章句哉趙雲松觀察（名翼一字耘菘江蘇常州府陽湖縣人名重乾隆時著有甌北集）曰四書

經朱子作註之後固已至當不易然後人又有別出見解稍與朱子異而其理亦優者固不妨兩存之要惟求其是而已今錄數條於此論語父在觀其志父歿觀其行朱注以為觀其子之志行則下文三年無改句文義不相貫故注中只得用然字一轉楊循吉謂宜作人子之觀其父解父在時子當觀父志之所在而曲體之父歿則父之志不可見而其生平行事尚有可記者則即其行事而取法之如此則下三年無改句正是足此句之義直

接而下自然貫注不待下轉語也。攻乎異端斯害也已。張鳳翼謂能攻擊異端則害可止。孫奕示兒編亦謂攻如攻人之惡之攻。已如末由也已之已。宰予晝寢。李濟翁資暇錄作畫寢。謂繪畫其寢室也。則下文朽木糞土之牆似更關合。子罕言利。史繩祖學齋佔畢謂利固聖人所不言。至於命與仁。則論語中言仁者五十三條。言命者亦不一而足。此豈罕言者。蓋與字當作吾與點也之與。謂子之所罕言者惟利耳。而所與者乃命與仁也。子路從而後吳青壇謂見其二子焉句當在至則行矣之後蓋子路再到時不見丈人但見其二子故以不仕無義之語告之不然既無人矣與誰言哉孟子去齊宿於晝考之史傳齊地無晝名者邢凱坦齋通編謂當作畫而引史記田單傳聞畫邑人王蠋賢劉熙注畫音獲齊西南近邑也後漢耿弇討張步進軍畫中遂攻臨淄拔之亦即此地然則晝之當作畫更爲有據顧宸人山東考古錄亦云晝當作畫而以劉熙注爲是也必有事焉而勿正心倪

思謂正心二字乃忘字之誤謂必有事焉而勿忘勿忘勿助長也重一勿忘字古書如無逸篇疊生則逸三字文更有致馮婦搏虎章周密癸辛雜識謂卒爲善作一句士則之作一句野有衆逐虎作一句如此則下文其爲士者笑之正與士則之相照應以上數條皆與朱註異者父在及荷篠馮婦三章爲最優見陔餘叢考又袁簡齋大令見上三十八張曰蘇州袁秀才鉞自號青溪先生媛宋儒之學著書數千言專駁朱子人以怪物目之青溪解唯求則非

邦也與惟赤則非邦也與皆夫子之言非曾點問也。人以為怪不知論語何晏古註何晏字平叔少以才秀聞曹魏文帝時賜爵列侯。原本作此解宋王旦怒試者解當仁不讓於師師字作眾字解以為悖古不知說本賈逵。逵字景伯。東漢明帝時嘗拜為校書郎。並非杜撰少所見之人以不怪為怪。見隨園詩話按趙袁二先生後人議論文字獨抒己見而與朱子異其理亦有優者以不怪為怪。眞少所見之人也。朱子註中庸天地位萬物育謂天地萬物本吾一體吾心正天地之心亦正吾心順天地之心亦順註鬼神引程氏說天地功用造化之迹又引張氏說二氣之良能而自謂以二氣言則鬼爲陰靈神爲陽靈以一氣言則至而伸爲神返而歸爲鬼其實爲一物此類詮釋卽起朱子而詳問之恐亦不免結舌。總之研索經書要惟衡以性理參之文義核求其是。庶乎可矣。

或曰。儒分古。新。兼三等。是矣。然先儒之教。卽可謂心性之教。而經典所載要旨。卽爲其學所在。人苟恪遵經典。已可全人之所以爲人。似亦不必瞻顧

今存經籍未備性教大道

旁求矣。

曰。否。今之經典。概係秦燼殘簡。無齒口授。見上二十五張漢儒意揣而識其字。悟會而領其略。見上二十七張貫穿編次。傳行當時。且漢求亡經過甚。致僞書雜出。故後儒恆謂經書半出漢儒之手。自漢世以迄宋季。縹囊緗素。又疊散遺焚溺。雖代有好古之君。銳意訪求。購募遺亡。祕閣石室。得以復充。見上十五至二十三張而時人嗜利。僞作爭獻。不加論考。即並收藏。見上十九張則今行世之經書。微特非三代之原文。且亦難必爲漢儒之眞本矣。文獻通考曰。歐陽公日本刀歌云。傳聞其國居大海。土壤沃饒風俗好。前朝貢獻屢往來。士人往往工詞藻。徐福行時書未焚。逸書百篇今尚存。令嚴不許傳中國。擧世無人識古文。先王大典藏夷貊。蒼波浩蕩無通津。令人感激坐流涕。鏽澀短刀何足云。詳此詩。似謂徐福以諸生帶經典入海外。其書乃始流傳於彼也。然則秦人一燼之烈。使中國家傳人誦之書皆放逸。而徐福區區。抱簡編以往。能使先王大典獨存夷貊。可歎也。亦可疑也。然今世經書往往有外國本云。○日知錄云。按宋歐陽永叔日本刀歌。徐福行時書未焚。逸書百篇今尚存。蓋昔已有徐氏載古書至倭之說。而葉少蘊固已疑之矣。夫詩人寄興之辭。豈必眞有其事哉。是今之所謂古經先典。僅爝火之餘光。全豹之半斑而已。性敎之至道。焉能全備於是哉。蓋考經典所載。

中有昭事敬畏。三綱五常。仁義禮智等數條。且立言甚約而渾。難以衡之於行事。性敎大道。尙有要旨多端。如人於上主。有當盡之本職。人於一已。有當趨之究竟。今存之經典。均未有載。但懸揣古儒未必不知。特經典亡。其傳絕耳。嘗閱古史。亞未利洲北厄日多國（亦書埃及國。商周時爲西域文物之邦。）王。白篤肋默時。（合西漢元帝初元二年。距秦火後一百六十五年。）亞立山京都。祕閣書庫災。焚燬典籍諸書。計五十餘萬種。由是而推。秦火之書。當亦不下此數。縱非盡屬經典。然載道之經定必不少則性教大道如謂其載於古帝先賢之全籍則可若謂全備於今之災餘蠹簡則不可矧宇宙間五洲萬國中更有羲軒垂教孔孟繼述而他國亦自有羲軒孔孟也秦皇坑焚祇東至於洋南至於海西至於兩藏北至於長城此外非其虐令所及也則備載性教要旨之經典他國當猶有存者考璿璣玉衡之器推步躔度之學堯時已極其精後世史冊紀有當蝕不蝕不當蝕而蝕謂出乎常律按文獻通考曰中興天文志案戰國以後古曆毀壞交食之法未得詳悉惟以

月行黃道而日爲月所掩。則日食。是爲陰勝陽。其變重。月入於闇虛之內。則月爲之食。是爲陽勝陰。其變輕。宋書以爲月食終亦爲災。然固有出於曆法之外。當食而不食矣。按後漢書天文志。桓帝永壽三年閏十二月壬戌。延熹八年。正月辛巳。皆月蝕非其月。○按唐書曆志。唐終始二百九十餘年。而曆屢改。高祖即詔道士傅仁均造新曆。名曰戊寅元曆。三年中正月望。及八月朔。當蝕比不效。高宗時。以戊寅曆益疎。太史李淳風作甲子曆。詔以麟德二年頒起用。謂之麟德曆。玄宗開元九年。麟德曆署日蝕比不效。詔僧一行作新曆。十行以陽人數五。兎數五。推大衍之數。作曆術。謂之開元大衍曆。肅宗至德時。瞰山人韓穎上言。大衍曆成。課帝發之。以損爲直可大毫。增損其術。更名至德曆。寶應元年。瞰六月望或夜。月蝕三之一。官曆有時在日出後。有交不署蝕。代宗瞰以至德曆不與天合。詔司天臺官屬郭獻之等。復用麟德元紀略。爲損益德。曰五紀曆。德宗建中時。瞰五紀曆候時不應，詔司天徐承嗣等雜麟德大衍之旨，治新歷，名曰正元，亦度毋不同。憲宗即位元和時，嚥司天徐昂上新歷名曰觀象，測驗仍不合。穆宗長慶時，嘜詔日官撰新歷，名曰宣明。昭宗時，嚩宣明歷紀數漸差，詔少監邊岡與司天胡秀林等改治新歷景福元年，嚥書成賜名崇玄，亦皆莫於本原，須用至唐終。○按宋史天文志紀日食之誤，不一而足。太祖乾德三年，嶼三月壬寅朔，眞宗大中祥符七年，嚹十二月癸丑朔，仁宗景祐三年，嚿四月己酉朔，慶歷四年，嚈十一月戊午朔，神宗元豐元年，嚊六月癸卯朔，酉年嚶十一月癸未朔，哲宗紹聖二年，嚼二月丁卯朔，高宗紹興三十一年，嚹正月甲戌朔，孟宗開禧二年，嚦二月壬子朔，嘉定四年，嚥十一月己酉朔，理宗端平二年，嘝二月甲子朔，俱日當食不食，又紀月食之誤，太祖開寶七年，嘓八月庚寅，太宗雍熙二年，嘷七月戊午，端拱二年，嘧三月丁酉，眞宗景德四年，嚥九月戊寅，大中祥符二年，嘫九月丁卯，仁宗天聖二年，嘧五月壬寅。神宗元豐六年。[illegible]八月丁亥。哲宗元符元年。[illegible]五月壬戌。俱月當虧而不虧。〔又〕高宗紹興二年。[illegible]二月丙子。月不當闕而闕。體如食。色黃白、然天象循環。豈有出律之事。特因古之律歷。殘缺失傳。遂致推算不符耳。宋儒邵雍曰、日當食而不食。歷算之誤也。○按宋史。邵雍字堯夫、籍隸順天府順義縣人。年三十。游河南、遂爲河南人。博學玄通。坦夷渾厚。宋神宗熙寧十年、歿。卒、著有皇極經世觀物內外篇行世。故明神宗萬歷間。西士利瑪竇熊三拔陽瑪諾等。精於推步。航海東來。士大夫交重之。薦於朝。敕修律歷。夫天文之學。無關於身心性命。猶且不分中外。惟利用是求。而於性道之學。有繫於人之永遠莫贖之事者，既知缺失，反株守鄉閭，徒望古而遙集，而不思借助於他山，可乎。

是篇論儒釋道三教，首敘三教各自標榜，互相非毀，繼述各教創始相傳，及其大旨，臚列經典，遭厄註家互異，太極新說，及各代僧道迷惑人主，名臣諫諍。旋即據證申明，佛老誕妄，儒分古新兼三等。惟古儒為真，但因典籍既亡，道統又絕，心性之道，已失其全，竊願有志求道者，旁索古來全典，求知性教全道繼考書教寵教聖理，（詳見真道自證）俾不虛生人世。獲遨永遠究竟。幸甚幸甚。陸子靜（見上七十九張）曰、古之聖賢。惟理是視。堯舜之聖。而詢於芻蕘。曾子之易簀。蓋得於執燭之童子。蒙九二曰。納婦吉。苟當於理。雖婦人孺子之言。所不棄也。孟子曰。盡信書。不如無書。吾於武城。取二三策而已矣。或乖理致。雖出古書。不敢盡信也。（見陸子靜與朱元晦書）吾於斯言、深有望於閱是篇者。

辨述事眞僞

六合之內。四海之遙。凡有民居。即有事跡。中雖瑣屑細故居多。而事之攸關重大者。究亦不少。況自開闢迄今。數千百年間。其事爲人知之而有裨於攻學修身齊家謀國者。尤難更僕數。然人所藉以知者亦惟恃五官而已。如目司視。耳司聽。鼻司嗅。口司味。四肢司觸。而覺物之軟硬熱冷輕重等情。五官無恙。遇事即能辨識。無恙謂無病。若有病。便不能司其職。如患黃疸病。見物皆黃。耳患聾聵。聞聲俱作蠅鳴之類。然人生塵世正如滄海一粟。渺乎其微。上壽不過百年。必事事皆我五官所遇能知幾何。則先知覺後知。先覺覺後覺。且以能聞不能。以多聞實互相傳述。以廣見聞誠不可少。而傳述之人。約計五等。㈠有見知者。即親見其事者。㈡有聞知者。即得聞於親見之人而知者。㈢有並時聞知者。即其人與事同時者。㈣有同世聞知者。即其人不與事並時。乃猶及遇見知之人者。㈤有遠世聞知者。即其人與事相去數代者。而所以述事。乃有三類。㈠有以口授。如人家先世。住址遷徙。譜系概不記載。皆由歷代先祖。口傳後世。又如方言俗諺。罕有書記可考。亦由從前相承傳下。若爲典據。㈡有以筆記。如史冊羣書。㈢有以蹟存。如表坊碑碣圖像。古今萬事。有見知聞知諸人遞相傳述則千里而遙。百世以上之事。不啻均在目前。班班者可考而知焉。然五官易致欺蔽。人情每多詭詐。如蛇影杯弓按晉書樂廣傳廣字彥輔。為河南尹。嘗有親客久闊不復來廣問其故答曰。前在坐蒙賜酒方欲飲。見杯中有蛇。意甚惡之。既飲而疾於時河南聽事壁上。有角弓漆畫如蛇。廣意杯中蛇即角影也復置酒於前處。謂客曰。酒中復有所見否答曰所見如初。廣乃告其所以客豁然意解沉痾頓愈。風聲鶴唳。按謝幼度傳苻堅眾號百萬列陣臨淝水。幼度以精銳八千涉渡。堅眾奔潰自甲宵遁聞風聲鶴唳。皆以為王師。本無也而以為有。此五官之受欺也。又如三人成虎按戰國策龐葱謂魏王曰。今一人言市有虎。王信之乎王曰否二人言市有虎。王信之乎王曰。

【寡人疑之矣三人言市有虎王信之乎王曰寡人信之矣龐葱曰夫市之無虎明矣然而三人言而成虎今邯鄲去大梁也遠於三人矣願王察之也】曾子殺人【按史記甘茂傳茂曰昔曾參之處費費人有與曾參同姓名者殺人人告其母曰曾參殺人其母織自若也頃之一人又告之曰曾參殺人其母尚織自若也頃又一人告之曰曾參殺人其母投杼下機踰牆而走夫以曾參之賢與其母信之也三人疑之其母懼焉今疑臣者非特三人臣恐大王之投杼也】本虛也，而以為實。此人情之行詐也。則夫嘵嘵傳述，自謂見知者，烏知其未受欺，不行詐哉？抑或津津傳述，自矜聞知者，又烏知其未受見知者之欺，不行矯託之詐哉？自世人受欺行詐，在所不免，致傳述之事遂

論見知述事一

有疑爲不實不盡而未可遽信矣。用是格致士度理揆情。著有要例。俾世之審眞僞以決是非者得所持循。不至茫然莫辨。茲略譯之。厥有十端。

見知者。身親其境。所述之事。宜若可信矣。然恐其受欺。行詐。猶難遽信也。要有徵信之據。在其據有四。（總以述事者未受欺。不行詐。爲本。）㈠其事爲人所易見者。（人知事跡。五官並用。然惟言目見者。舉一以例其餘也。）（不受欺）㈡其事致人著意者。（不受欺）㈢其事須爲大衆共見。倘見之者止一二人。（不受欺不作詐）又須係老成達士。（不作詐）㈣其事之有無。與述之者無關利害。凡事備此四端始爲可信蓋㈠其事爲人所易見則不難詳審若乃影響模糊當時何從細究㈡其事既致人著意則人必悉心觀瞻毋或被矇若無足關心奚暇竭其目力㈢其事爲大衆所見自不致盡係曹膽皆壯且人數既衆所志各殊勢難謀合誑人如或見之者止一二惟既屬老成達士則必見之審而始信知之確而方述若乃見之者祇有浮躁數人容或見有未明且易扶同行誑㈣其事與述之者無關利害則人情必不無因欺誑若乃

有關利害如求名圖利騰聲修怨或曲說譏諂害事譏評保無爲利所誘。徇私矯託故於見作者傳述之事按此四端以衡之是非可立見矣。若能於此外更備徵據八端則事尤爲可信無疑㈠其事有留跡可考閱時猶能存核㈡見之者中有博學明士能深悉其間隱祕事跡之有無得失真假俱可明見作者之但其中或有譬喩使觀者惟博學者能識隱之奇㈢有致身遁顯守正不阿之士不肯調詞胡說致貽口實。㈣見者非一類一教一業一志之人所向不同邈避各異勢難意合情投相率爲僞若端方正直之人傳述事故不

（得因係一毅一志而疑之也）(五)其中有直認其事不避嫌怨不畏禍患（則皆有所不顧人皆有所不惟無非為全護所設）(六)其述事措詞質樸無文絕不鋪張標榜聳人聽聞(七)其述各種情節始末聯貫原委秩然毫無游移泛說前後支離諸弊(八)其事所歷何地何時並其見者之顯達紳耆姓氏纍纍指實（其不畏人問可加）上載八端雖非為事事所必需苟能全具則信據更為詳備疑義更難隱伏矣。

聞知者所述之事或同時或並世相聯未遠宜亦

可信矣。然仍難遽信也。當有徵信之據。在其據有四（種參觀上載各條見上九十五張總則述事者未受欺不行詐者也）(一)其事爲昭然顯著。有關輕重者。(二)聞知者中。有練達端士。不背輕信人言者。(三)聞知諸人。同述一事。而非聞諸一人得諸一源者。(四)聞知者傳述其事。於己無利者。凡事備此四端則爲可信。蓋(一)其事爲彰明昭著。定係其見其聞。彼聞知者。自可先行考問。又其事攸關重大。彼必須加詳核。否則事非昭著。初非大衆見聞。彼聞知者。何從察究。又事非無關係。彼亦不遑細考。亦惟姑聽之姑述之而已。(二)聞知者中。

未受欺

有練達端士。則當其聞人傳述。必先審有徵信之端。而始信。否則聞知者率係少年浮躁。誠恐輕於致信。或忽於察問。(三)聞知諸人。非同得諸一人。則當初見知者。決不止數人。源流既異。好尚自殊。斷

未受欺 不行詐

不能均係受欺。阿比誆眾。否則聞知出於一源。傳述雖眾。實由一人。安知此一人未受欺。不行詐。而聞知者未被其朦耶。(四)聞知者述其事於己無利。

不行詐

則詐念不萌。何肯矯枉過正。拂性反常。否則懷私

論遠世傳述三

利已詐念易萌，故於聞知者傳述之事，繩以五端，細加參考，事之虛實，斷難遁飾矣。

遠世聞知所述之事，代易世異，訛見久亡，其被朦可慮，矯託可虞，聞其述者，豈可貿然遽信，務按信徵以詳審之。其徵信之據，除前二論諸徵外，更有二端焉。（並參證上載各據，見上九十五至九十七張，總以述事者未受欺亦不行詐爲本）㊀（未受欺）自遠世聞知者，溯至見知者，其遞相傳述，須如蟬聯魚貫，繼續無間。（未受欺　不行詐）㊁各代繼述足資參考者，不止一家。蓋㊀事係遠世聞知所述，溯其相傳，直至見

知者上接無間知必由見知者遞傳至是設見知
之時其事無憑則彼見知之同時人必已卒攻其
虛何得訛沿後世又設後代捏造其事矯稱聞諸
前輩則其同時人又必共斥其僞而仍難遞傳要
知人代相繼非前代之人同時截然俱絕繼起之
人一時突如並續乃歷代相繼錯綜參互遞衍無
間如六七十年爲一代但此六七十歲老人得與
祖輩父輩並輩子孫輩先後相晤設事後第二代
之老人某矯述一事謂昔聞諸祖若父則某之並

輩必面責其詐謂吾何未聞諸父老也且某之子
輩亦必抉指其欺謂當未聞諸前輩設或第三第
四等代之人詭稱人述均可以此類推俱不能免
同時人之攻訐也若乃其事相傳不得溯至見知
者即謂自有此事以來無人傳述忽於數代後究
有敘之者前輩未傳後人何由得聞非揑造而何
(三)各代纘述者不止一家則其中定有通士考必 未受欺
倍詳倍必有徵決非盡屬妄聽妄述之流又其中 不行者
必好尙各異不得均以自事爲利其相欺隱纘述各家

論書籍眞僞四

如得諸一源出當視爲一家。若乃繼述者。僅止一家。安知前時之見知後代之聞知必未受欺。必不欺人耶。一家繼述、或足憑信須參考後論一家著述見後百一張是遠世聞知所述之事。除前二論所載各據外。又備此二端。方可致信。若其事更有鄰邦史策述其要。屢屢思日追其始。如屈原五月五日自投汨羅江死楚人哀其忠。命舟楫以救之至今競渡。是其遺俗。金石鐘鼎存其蹟。則尤爲確實無疑矣。

古今來書籍衆矣。汗牛充棟。何可勝數。惟其中有眞本僞本原本增本刪本。外本等分別。眞本。謂是書實係某時之某士所作。僞本。謂是書相傳某士所作。及詳究之。實係他人託名而作。原本。謂是書未經後人增刪訛鈔。至今全存其舊。自古行世書籍。家藏世守。固不乏真本原書。而僞託增刪。舛訛諸本。亦復不少。當爲之一一辨別。方不誤於鑒識。其辨別之法。即徵信之據。有十四端焉。㈠凡書中句法。章法。人名地名。故實。在著書人後者。此爲僞本。㈡凡書相傳爲某士所著。并確知其爲博學端士。及考其書。文法庸陋。引事舛錯。間有滑稽媟語。

不類其人品者，此爲僞本。㈢凡書稱爲某士所作，幷確知其向來立意，主何見解，主何評論，並未後先變更，乃是書中之立意，與其向來所主者，迥然相反，此爲僞本。或經人改竄之本。㈣凡書有確據，證爲某作者親手墨蹟，此爲眞本。㈤凡書籍舊有傳鈔，與作者之時相去未遠，幷有後世抄本，並稱某士所作，此爲眞本。㈥凡書稱某士所作，而其同時並世，後代諸作家，均無異辭疑義，此爲眞本㈦凡書載有國家事變，律法，而通國士民，同稱爲某士所撰。此爲眞本。如會典、律例、方略等書。事關重大。設有銜名誤列。當時必經核對更正。（八）凡書稱係古時某士所作。考其所載事故。並非無足重輕。而核諸以後古籍。未見有援引述及。此爲僞本。倘另有確據。可徵此書爲眞本者。不在此例。（九）凡書。其舊傳之本。稱某士所撰。而新梓之本。稱他人所著。如新本所稱查無佐證。當遵舊本爲信。（十）凡書。其新出之本。載有事實。不見於舊傳之本。此新出者爲增本。（十一）凡書其舊傳之本。有所載記。不見於新出之本。此新出者爲刪本。（十二）凡書。諸作家所引章句全見於是書此為原本(十三)凡書諸作家所引章句不見於是書此為刪本(十四)凡書諸作家所引章句核諸是書互有異同者此為改本如另有確據可徵諸作家斷章摘引則不在此例以上諸端惟為審辨書籍是否真本原書抑係偽撰增刪而書中所述之事是否可信仍當按前後各論以為斷

凡書所述之事須有他家著作並載得備參考旁徵斯可憑信苟無旁徵而仍足憑信者除參按上載各據外務備稽考之端五焉(一)作者必係當世

閎達碩士，爲歷代士大夫所推重，而非率爾輕信，衍私欺人，爲世所鄙者。其事有古時存蹟佐證，或有今人口述眾証。(三)其書必爲同時並世作家所得披覽，且所載諸事，係敘有關繫者，如涉子虛，彼作家斷難緘默，任其妄述。(四)其事與同時並世作家所著之書不違，類無干涉，而不應並記者，如應記而不記則可疑。(五)其事雖或爲諸作家應述，但揣其情節，在其人秉筆時，有不得不爲之諱者。如或恐犯朝廷忌諱，或懼觸權貴避嫌，或不欲暴飾仇讎，或不肯為親者方。故凡書所述之事，雖諸家未嘗述及須出諸傳聞，仍于己屬可信。況有存蹟可按明徵之之同時並世諸作家默避之，知而不言正所以是其說，且諸家之不記錄與引作之毫無干。與自述之事無涉，或因避忌而姑付闕如。或因徇私而故爲掛漏，是諸作家之緘默不記。出於有因。直無礙於有徵可信之傳述也。

世間傳述之事，纔以微據而斷眞僞。要不可一言以蔽之。蓋有就事故一面論者，有就微據一面論者。就事故一面，有全屬眞實，有半眞、半僞。大端眞小端僞。小端眞。大端僞者。悉按其中情節虛實多寡爲斷。就徵據一面有當信爲眞當疑爲僞當作爲近是疑似者。凡徵據全備疑義毫無。則當信爲眞徵據難憑疑竇叢伏。則當疑爲僞。若信徵雖有。而未全備。疑義雖少。而猶難釋。則當作近是。若徵據似屬可憑。而疑團殊難盡釋。則當作爲疑似。近是與疑似。俱有次第之分。悉按信據與疑義相較多寡以爲準。凡事之大端。全備徵信諸據。惟其不甚關係之小端。或有疑義。斯事當爲可信。彼小端

論事可有回有七

可兆論也。

凡推論事之可有回有。或按至理。或按常情。或按物律。（物律者即上世造化萬物、各界以自然本性。各定以運動常經。如火熱水濡、輕浮重墜。天象曉夢術環旋轉鐘行不忒）約舉之有三端焉。㈠按至理可有、之事、即謂其事按於理不相矛盾者。如謂有一山、係純金所成。此雖無有之事。但積石爲山。積金猶積石。與理無悖。又謂一國士民。不數年間。咸棄舊習之教。而從一新教。此雖按常情無有之事。但棄舊從新。事不悖理。又謂昔日忽明。此雖按物律不能有之事但若者復謂事非矛盾陵至理固有之事即謂其事衡於理可相容者如謂有一端之棍蓋棍者兩端之木也兩端而一端非屬必無又謂有方式之輪白色之硃蓋輪爲圓盤方者不得爲輪硃爲丹砂白者不得爲硃方輪白硃萬不可有者也又謂兩虎相遇互吞畢剩兩尾蓋被吞者已無而吞者仍在吞者與被吞者俱無矛盾之說也按常情可有之事即謂其事不背人之常情者按常情可有之事即謂其事有乖常情者夫事

稱常情之可行可行。祇以概諸羣情。非以責諸人人。凡概諸羣情爲可行可行者。按諸各人。可爲或無偶有如避世離羣之輩。斷髮文身。裸以爲飾。此種爲情之事。可見者數人。決不可概諸大衆。故不得謂常情事也。惟按羣情爲有無者。斯爲常情。如人好告實事。惡說虛言。利必趨。害必避。好守祖先相沿舊俗。不願更改。此常情也。然兩情相較。乃有從違之歧。如惡虛言與趨利較。則各從所好。此亦常情也。若無利可趨。而寧虛言。此非常情也。又如不肯改棄相沿舊俗。與避害較。則寧棄舊從新而避害。如 國初定鼎。 王化聿新。而士民仍不願薙髮易服致有甘罹大辟者。後雖漸次歸化。猶以男從女不從爲請。故至今婦女。仍梳髻束裙。此常情之好沿舊俗也。苟非爲利害所動。則決不肯改。㊁或如國中忽傳一新教。而朝廷特恩隆重。且勸率士民信奉。則不數年。通國從之。此按常情可行也。如或傳入新教。國家非惟毫不勸率。且嚴令禁止。凡從新教者。殺無赦。乃竟不分貴賤智愚。老幼男女。羣相信奉。甘蹈極刑。視死如歸者。歲以萬計。孰知授命者愈衆。信從者愈多。不數年間。國中士民從奉新教者。竟十居七八。此按常情不可行也。㊂按物律可有之事。即謂其事循物之本性常經者。如火鎔五金。人能泅水。藥可愈病。日月運行。寒暑迭更等類。按物律叵有之事。即謂其事不循物之本性常經者。如五行失性。入火不爇。入水不濡。瞽者忽明。死者復甦。日未應蝕而忽晦。日將西墜。而倏止等事。凡事可有者三。叵有者亦三。世間萬事。盡該於是矣。

夫叵有之事。雖係不能有然或能偶有者。要有以辨別之。(一)凡按至理叵有者。人或述其有。決係謊誕欺人。儘可置之弗論。(二)凡按常情叵有者。人或博其有先當審其是否悖理。如謂通國人民。並非爲利所動。既好揑虛毀人或誣詆親友此爲悖理者若有傳一新教其教之道毫無顯背至理違悖上民輒棄舊從新。此非悖、、、、理者。如其無悖於理亦屬或有之事。蓋上主能以超情默感人心。以勝常情惟其事旣爲大衆反乎恆情。必非隱微細故。定係共見共聞攸關重大者。史乘志書必不遺漏無難按上載徵信各據。辨其所述眞僞也。如或有悖於理必係決無之事。蓋上主者至理之本斷不感人悖理人或述其有決爲誕妄無庸考問也。（三）凡聞人偶述物律所無之事。

不當遽視爲物律所無。蓋常人少見多怪，遇一不明其由來者，輒以爲物律所無之奇事，如蜃樓海市。空谷傳聲，愚者見之，鮮不驚爲神明所憑。又如呑刀劍、咽鐵蛋、口中出火、竇內藏孩、白紙現字、方式鴨蛋。此皆用隱眼戲法、或以人所罕知之物性，賣弄伎倆。眩惑耳目、俱非物律所無者也。而不知此種事。均爲物律所可有，無足駭異。或目世傳奇事。固不可遽視爲奇。即欲確審其中。或有一二，亦所難必。蓋萬物之本性常經。隱微奧祕。其能致者。終難徧知。則今所謂物律不能致者。或於後世時漸知其能致。如世初見磁石引物。日月虧蝕。決不知爲物之本性常經。且驚爲奇事。則今之爲奇者。安知後世仍以爲奇乎。曰否。夫物之本性常經所能致者。人固未得盡知。然其必不能者。不得謂盡不知。如臂截而復續。舌拔而仍言。鞭石泉流。叱颶浪息。此按物律必不能者。盡人知之也。物性之行。出於必然。所能者。不能不行。不能者。終不能行。不以今古有殊。彼初見磁石引物。日月虧蝕。惟不知物律能否所致。並非如其必不能致。如臂截而續等是也。則謂無一奇事可能確審。焉乎可哉。故於闢迹奇事。必先辨別其果否物律所不能。至迹之者有無欺詐。仍按上載徵據以審之。而決其眞僞也。

凡事按物律囘有者。乃竟出乎常律而果有是造物上主偶弛其律。特行靈奇也。靈奇妙變。不可枚舉。綜計之。則有三等焉。㈠超乎物性者。卽謂其事決非物性所能致。如一人兩處。上主嘗顯靈奇。使一人一時。分駐兩處。各行其事。人死復甦。是也。遍考物性。決不能致人分處。死復甦。故謂之超乎物性。㈡反乎物性者。卽謂其事與物性相悖者。如火騰焰不焚。水壁立不流。是也。火焚水流。其性也。並無他物阻遏。而性自不行。故謂之反乎物性。㈢異乎物性者。卽謂其事本係物性所能致，但所以致之者，非循物性也，如危病頓瘳，久瘓忽起是也。（病者瘓者，醫藥或可愈治，但未經餌服，而頓瘳忽起，則致愈之法，異乎物性也。）上主准人代行靈奇。自開闢至今，世所時有，載諸經典史乘，斑斑可考。然猶有鬼魔，（初上主造化無數靈神，中有桀驁不馴，欲與上主並尊，於是上主罰之，降為鬼魔，受地獄永苦，故鬼魔常嫉忌上主，惡人敬主，行善升天，乃百計誘人為惡，同下地獄，此叛神亦稱幽神，其恭順者，稱明神。）假冒明神，藉人變幻，而行妖異。（鬼魔衍本靈神，頗具才智，倫捷諸能，故得施行妖術，仿效靈奇，誘人誤認至尊，而崇奉之。）靈奇與妖異，兩相懸殊，奚啻霄壤，然實雖非而跡近似，每易於朦混，當有審辨據以別之。其據有三端：(一)行此奇事者，必品詣端方，素無欺詐，而自治謙卑，不求人譽，(二)當其因上主之名，行奇將事，其各種情節，必示鄭重端雅，光明正大，慈善近情，(三)行此奇事之本意，專為引人祇承上主，勵人行善。上主特命代行靈奇，或為宣示一聖人至德懿行，感人向慕，或為顯罰一惡人巨憝大惡，使人警懼，或為證明宣講之道，牖自上主者，此三者，總不外乎引人趨善避惡，欽崇上主。凡備此三端者，斯可信為上主靈奇，若乃(一)行此奇事者，係猥瑣小人，喪行敗類者，(二)其行奇情節。或邪僻淫佚詭祕輕浮卑污酷虐者。㊂行此奇事之本意或爲干求人與斂財肥己悅人耳目誘人作惡。或爲證一顯悖正理之僞道凡具此三端皆決爲鬼魔妖術。蓋㊀上主眞誠莫匹神智絕倫。必不用與行敗類之人代行靈奇。宣傳聖旨。而端人正士自治素嚴豈肯受鬼魔役使。㊁端人既爲上主特用定必正大光明鄭重將事。以副上主智誠至性而鬼魔首惡既役小醜行妖。其中情節不得不爲邪僻詭祕輕浮卑污卽欲強爲色莊。掩其

本來面目終難逃智者之聰察也㊂上主爲衆尊
之尊萬善之善其准行無可所以宜信示威印證
正道自係專爲令人善其所行敬其所尊而鬼魔
倨傲鋼性志任自尊其所作爲必非導人敬主行
善決爲徇人私見誘使奉己行惡故凡見聞奇事
試按此三端研窮玩索是否靈奇或係妖異不難
立判矣且鬼魔肆其驕悖盡其奸黠百端變幻以
陷世人上主容之正所以堅信主諸人之信衛容
匪人行惡正所以主成善人之德然斷不容鬼魔

擅行妖異與靈奇莫辨者。蓋靈奇者。上主之印信。猶朝廷之玉璽也。朝廷頒諭。遣官宣佈。必鈐以玉璽。使臣民一見璽印。即知所遣係朝廷命官。所宣者實係朝廷意旨。上主啟迪正人。代傳聖旨。以靈奇隨之。人始信其所宣。無異上主親諭也。如世人每見奇事。或信為神明顯護。設上主或容鬼魔擅行妖術。與靈奇無異而莫辨。則人將訛奉鬼魔。乃上主致之。而咎歸上主。猶朝廷以玉璽假用於人。臣民訛奉僞旨。乃朝廷自欲而不得辭其咎。朝廷決不為此。以誤臣民自取敗信也乃反指為此使人必陷於不義而自拂其性智惟情之在性乎是鬼魔雖甚拔行妖竭力色莊一經獨持真識掃除成見者（胸存成見則或是或非必偏所見欲得平求是者不可不禦除成見）後考各情必使纖悉畢現毫無遁形諺云老狐變人難掩其尾其是之謂乎。

人生斯世時有所見目有所聞而學者披閱史書見聞尤夥其間眞偽參雜一一審辨自不容緩但是非之心人所同具乃有眞者非之偽者反是之

甚至有徵有據之靈奇。偏疑之。無稽之謊誕。妖人之怪術。偏信之。其故何哉。殆因人情每多偏見。以先入者爲主。胸中既有成見。雖偏如附骨之疽。而不能除。又何肯循理準情。推詳辨別其所以妄是妄非。妄信妄疑者。職是故耳。若乃將見知聞知所述。書籍所載。種種事故。靈奇妖異。悉按上載徵信諸據。分別印證。平心推考。猶如玉尺衡度。試石辨金。行見眞僞近是。不爽錙銖。又何患審辨之難確哉。

集說詮眞續編・集說詮眞提要／（淸）黃伯祿輯--影印本--
臺北市：臺灣學生，民 78
10,361面；21公分--（中國民間信仰資料彙編第一輯；
15・16）
ISBN 957-15-0017-8（精裝）：全套新臺幣 20,000 元

I（明）張文介編輯　II 中國民間信仰資料彙編第 1
輯；15・16
272.08/8494 V. 15・16

中國民間信仰資料彙編　第一輯
王秋桂　李豐楙　主編

集說詮眞續編・
集說詮眞提要（合一冊）

編輯者：清 黃伯祿
出版者：臺灣學生書局
發行人：丁文治
發行所：臺灣學生書局
臺北市和平東路一段一九八號
郵政劃撥帳號〇〇〇二四六六八號
電話：三六三四一五六
本書局登記證字號：行政院新聞局局版臺業字第一一〇〇號
印刷所：信利印製有限公司
地址：台北市德昌街二六一巷十號
電話：三〇五二三八〇
香港總經銷：藝文圖書公司
地址：九龍又一村達之路三十號地下後座
電話：三一八〇五八〇七

中華民國七十八年十一月景印初版

27203-15・16

ISBN 957-15-0017-8（套）